1804-1810

Las Brevas Maduras

MIGUEL ANGEL SCENNA

1804-1810

Las Brevas Maduras

1

27 ENSAYOS *sobre Historia Argentina 1804-1966*
Colección dirigida por el Profesor Doctor Félix Luna

stockcero

982   Scenna, Miguel Angel
SCE   Las brevas maduras : 1804-1810.- 1ª. ed.–
       Buenos Aires : Stockcero, 2003.
       208 p. ; 23x15 cm. – (27 Ensayos sobre
       historia argentina / Félix Luna; 1)

       ISBN 987-1136-01-3

       I. Título - 1. Historia Argentina

Diseño de colección, tapa e interior:
Schavelzon | Ludueña. Estudio de diseño.

Reproducciones fotográficas: Graciela García Romero

1º edición: 2003
Stockcero
ISBN 987-1136-01-3
Libro de Edición Argentina.

Hecho el depósito que prevé la ley 11.723.
Printed in the United States of America.

stockcero.com
Viamonte 1592 C1055ABD
Buenos Aires Argentina
54 11 4372 9322
stockcero@stockcero.com

27 Ensayos sobre Historia Argentina 1804 a 1966

Introducción

La Colección que se inicia con este volumen, intenta presentar una versión completa de la historia argentina según una metodología y una forma que son - así lo creemos - novedosas dentro del panorama historiográfico del país.

Uno de los fenómenos más notables ocurridos en los últimos años en las tendencias del público lector argentino, es el que marca una decidida inclinación por la lectura histórica a nivel popular. Revistas, fascículos, publicaciones periódicas, colecciones, series y un alud de libros sobre diferentes temas y de muy distinto nivel, han tratado de satisfacer esta ansiedad de los lectores argentinos, que no es otra cosa que la expresión de su profundo interés por el país. En la medida que se intuye la conexión de ciertos problemas del presente con líneas que arrancan del pasado, los argentinos se han asomado a los orígenes de la comunidad nacional para buscar claves que ayuden a encuadrarlos y solucionarlos. Por otra parte, de muchos años atrás existía la sensación de un prolongado escamoteo de la verdad histórica en las versiones más o menos habituales; el embate revisionista contribuyó a desenmascarar no pocas de estas falacias, y luego, las mismas exageraciones de esta tendencia, con sus secuelas ideológicas, apuró un renovado interés para establecer terrenos firmes sobre los cuales apoyar el juicio de la gente común.

Estas circunstancias han traído un estado de cosas revulsivo al hasta hace pocos años pacífico y recoleto ambiente historiográfico de nuestro país. En la actualidad, la Argentina vive su historia con una pasión e intensidad que difícilmente tenga comparación en el mundo. Pero vivir la propia historia no quiere decir que se esté instalado espiritualmente en el pasado. En nuestro país, la vivencia de la historia forma parte de esa irritada introspección que Toynbee señaló como característica singular del alma argentina de hoy. Y está bien que sea así. Nada más triste que la idea de una historia definitiva, sacralizada, sepultada en libracos que nadie lee, y cuya proyección en la formación de la comunidad es nula. Cuando existe esta circunstancia, es seguro que hay un interés en hurtar la realidad nacional - de la que la historia forma parte indisoluble - al conocimiento de los grandes públicos, lo que es una sutil manera de aislar al pueblo de los Procesos decisivos de la Nación.,

Una de las técnicas - deliberadas o inconscientemente implementadas - que se usan para alejar al público de la frecuentación de la historia, ha sido la de presentar versiones tediosas, pesadas, intransitables; y aparentar que no existe otra forma posible de escribir historia. Es cierto que la creciente especialización de la ciencia histórica exige métodos y encuadres formales muy precisos, rodeados de un aparato erudito inevitablemente árido.

(La escuela clásica alemana perfeccionó este estilo hasta el horror, y los historiadores norteamericanos modernos lo han llevado a la asepsia deshumanizada de una computadora.) Y sin embargo, aun de esos textos es posible extraer el soplo de vida que está contenido en toda página de historia. Uno de los personajes de Jane Austen decía que se asombraba de que la historia fuera tan aburrida, ya que casi toda era una pura invención... Pero aun cuando admitiéramos que la historia es un invento en su mayor parte, no podemos entender que pueda ser aburrida, salvo si hay una deliberada intención de que así se la vea. Esta pesadez es la condición para que los grandes públicos no se acerquen al pasado. Lo repetimos: en la historia nuestra se esconden algunas de las respuestas a los interrogantes permanentes que suelen formularse los argentinos. Preguntas como éstas: "Por qué siempre hay un elemento de violencia a lo largo de nuestros avatares? ¿Por qué hay distintas maneras de graduar y calificar a los que la han ejercido? ¿Qué fatalidades nos imponen un sistema centralista, cuando teóricamente es federalista? ¿Por qué los gobernantes populares pudieron gobernar sólo hasta cierto punto y dentro de ciertos límites? ¿Por qué los criterios de autoridad y de libertad, esos ying y yang de toda comunidad organizada, no han encontrado en la Argentina fórmulas de convivencia contemporánea?", etcétera; preguntas como éstas y otras, sólo admiten respuestas basadas en el manejo de antecedentes históricos. Un manejo que no necesita especialistas, porque depende de elementos de juicio relativamente simples.

Y bien: desde hace algunos años se ha intentado romper con el mito de la historia aburrida, y desde diversos ángulos se presentó a los argentinos una serie de propuestas historiográficas con un lenguaje, una temática y una forma aptos para ser asumidos por grandes masas de lectores. Una de estas propuestas es la revista Todo es Historia, aparecida en mayo de 1967, y regularmente entregada al público todos los meses, desde entonces.

No me resulta fácil hablar de una creación tan personal como Todo es Historia. Pero no debo caer en la hipocresía de fingir subestimar la importancia que tuvo esta publicación en la creación de una nueva actitud de los lectores argentinos frente al pasado de su país. A partir de esta aventura empezaron a florecer toda clase de empresas historiográficas: muchas de ellas, ya se sabe, fueron deleznables. Pero su conjunto ha aparejado ese sostenido interés, ese apasionamiento al que nos hemos referido líneas arriba. Y estos 27 Ensayos sobre Historia Argentina son gran medida, una resultante de aquella experiencia.

El Propósito de esta Colección es brindar una visión integral del pasado de Argentina, en su época independiente, con el mismo estilo que consagró aquella revista, pero esta vez en forma de volúmenes separados, cada uno de los cuales comprende un lapso más o menos breve de nuestra crónica nacional. Cada libro tratará el devenir político, la circunstancia económica, el contexto cultural y social de los años que abarca. No habrá en estas páginas alardes de erudición; pero cada línea está avalada por un trabajo de investigación que puede desafiar a cualquier discusión. Hemos pedido a sus autores que adopten un estilo ágil, liviano, periodístico en el mejor sentido de la palabra. Por supuesto, muchos de los que colaboran en esta iniciativa, vienen de Todo es Historia. Cuando haya aparecido el último tomo de los 27 Ensayos, el lector podrá contar con una reconstrucción completa de nuestra historia independiente, cada una de cuyas partes tendrá obviamente la marca propia de su autor, pero todas ellas vinculadas por una común manera de mirar nuestra historia.

¿Cuál es esta manera? No resulta fácil definirla. Digamos que estos ensayos no se sienten comprometidos con la versión clásica de nuestra historia, ni tampoco con la proposición revisionista, como escuelas o tendencias. Ambas corrientes dejaron saldos positivos, y ahora estamos frente a una nueva historia que no excluye nada de lo que ha sido propio de la evolución argentina, pero que mira a esta evolución con las inquietudes y puntos de vista de los argentinos del último tercio del siglo XX.

No colocan a la historiografía en la sumisa actitud de una sirvienta de la política, ni tratan de adaptar los hechos históricos al lecho, de Procusto de una ideología, para aceptar los que les convienen, y desechar aquellos que no caben en su metro. Pero tampoco es esta una exposición deshuesada de hechos puros. Hay una idea central: la formación de la Nación como clave y meridiano del proceso histórico, y, en consecuencia, el papel protagónico del pueblo por encima de anécdotas, efemérides y nombres propios. Y también, una intención de detectar, en cada lapso, los elementos cuya proyección ha servido para integrar la comunidad nacional vertical y horizontalmente, en su geografía política y en su paisaje. Va sin decir, pues, que la nuestra es una historia esencialmente objetiva. Pero en el sentido que le da Edward Hallet Carr: "La historia adquiere significado y objetividad, sólo cuando establece una relación coherente entre el pasado y el futuro". Porque no valdría la pena un esfuerzo como éste, si sólo se dirigiera a evocar el pretérito.

Esta Colección es, ciertamente, una forma de asomarse al futuro argentino en el entendimiento y el amor a todo aquello relevante que ilumina e identifica a la Nación desde su tiempo pasado.

Félix Luna

CAPÍTULO PRIMERO

El virrey Sobre Monte

Las cuatro fragatas

En los primeros días de octubre de 1804 el marqués de Solano, capitán general de Cádiz, estaba de fiesta y protocolo. Visitaba el puerto español una fuerza naval inglesa de cuatro fragatas de guerra al mando del comodoro Moore, quien, como distinguido huésped que era, fue tratado con la cálida hospitalidad hispana de costumbre. España e Inglaterra estaban en dichosa paz, y los marinos de ambas naciones confraternizaron entre amistosos agasajos. Al cabo, el Comodoro se despidió, fue cordialmente acompañado hasta el muelle, las naves levaron anclas, y en un glorioso día otoñal se alejaron mar adentro. El comodoro Moore, con el sabor de las atenciones fresco en el alma, se dio a escrutar el horizonte. Pronto su catalejo le denunció velas a la distancia, y alertó a su fuerza. Cuatro fragatas españolas se acercaban en dirección a Cádiz.

El Comandante español vio aproximarse a los navíos ingleses, extrañado, pero no desconfiado. Las fragatas británicas acortaron distancias, y se dispusieron en tal forma, que cada barco inglés tenía al alcance de sus cañones un buque español. Entonces Moore comunicó atentamente a su colega español que debía entregar las fragatas y el cargamento como presa de guerra. Indignado, el otro protestó por ese ataque traicionero en plena paz, y se negó a obedecer. Moore ordenó abrir fuego. Una fragata española voló por los aires en pedazos. Desde la borda de otra nave, un hombre contempló con horror el espectáculo: era don Diego de Alvear, que veía desaparecer a su esposa y siete hijos en la explosión. A su lado, el único vástago sobreviviente, Carlos María, de quince años, futuro general y guerrero de la Independencia, miraba sin comprender el primer destello de su singular carrera. Otro muchacho, Tomás de Iriarte, también era testigo del atropello. Entregados los españoles, fueron conducidos a Londres.

Los ingleses sabían de la llegada de las cuatro fragatas, y que ellas transportaban una fuerte suma de dinero que temían fuera destinada a las arcas del odiado Napoleón Bonaparte, con el que Jorge III estaba en guerra desde mayo de 1803. Moore recibió orden de apoderarse del tesoro, desdeñando el ligero detalle de que Londres no estaba en guerra con Madrid, y el Comodoro, ya que estaba en la cosa, no encontró mejor lugar de espera que el propio puerto de Cádiz, hacia donde se dirigían las fragatas.

Y allí las aguardó comiendo el pan y la sal – con el fuerte vino español correspondiente – que el marqués de Solano brindó en generosa hospitalidad. Pero las necesidades de Estado son inflexibles, y no se han hecho para sentimentales. Moore disfrutó en Cádiz, asaltó las fragatas españolas, voló una, se quedó con el resto, y se llevó a todos con la satisfacción del deber cumplido. Sir Francis Drake podía descansar tranquilo; tenía sucesores de su mismo metal.

Moore no era el único. Precisamente por ese tiempo el Gabinete inglés mostraba interés por la opinión de otro marino de aquilatados méritos, Home Popham, que a los cuarenta y dos años había acumulado una frondosa experiencia en infinitos campos. Popham era marino a la inglesa, vale decir que los escrúpulos los reservaba para los oficios dominicales. Comerciante en varias partes del planeta, hombre de ciencia en las horas de ocio, diplomático cuando hacia falta, contrabandista si venía bien, y político en todo momento, con fuerte vocación por la aventura y el dinero. Un verdadero hacedor de imperios. El motivo de la atención del Gabinete de William Pitt por este interesante compatriota consistía en que comenzaban a mirar detenidamente las extensas posesiones españolas en América. Naturalmente, seguían en paz con España; pero ese era un detalle secundario. Popham fue llamado al Almirantazgo por el titular, Henry Melville, y se le encargó que proyectara y redactara un estudio sobre la factibilidad de invadir y ocupar la América española. Para la tarea contaría con la ayuda de un tal Francisco de Miranda, un señor muy convencido de que cuando los americanos vieran un soldado inglés, se levantarían en masa contra España. Los dos hombres estudiaron el asunto, y Popham lo consideró viable. Elevó un memorial en el que proponía dos expediciones: una desembarcaría en Venezuela, al mando de Miranda; otra se dirigiría al río de la Plata, bajo su conducción. El memorial fue encarpetado y dejado de lado por el momento. Pese a lo cual, en el río de la Plata se avistaron naves inglesas sondando aguas y reconociendo la costa.

En Buenos Aires fallecía, el 11 de abril de 1804, el virrey don Joaquín del Pino, y S. M. C., Carlos IV, nombraba como sucesor a don Rafael de Sobre Monte Núñez Castillo Angulo Bullón Ramírez de Arellano, tercer marqués de Sobre Monte, de cincuenta y nueve años, como noveno virrey del Río de la Plata. El favorecido entró con su pesada carga de apellidos al Fuerte porteño trayendo una larga experiencia administrativa, como que había sido secretario del virrey Vértiz y, por más de quince ilustres años, notable gobernador de Córdoba. En diciembre de 1804, España se convenció de que los británicos tenían ideas peculiares sobre estado de paz y beligerancia, y no conforme con las explicaciones sobre el asunto de las fragatas, declaró la guerra a Inglaterra. La noticia llegó a Buenos Aires el siguiente mes de abril; pero no debió de preocupar mucho. Inglaterra quedaba lejos, y un ancho mar se interponía entre ella y el río de la Plata.

Hispanoamérica aislada

La guerra en curso entre Inglaterra y Francia tenía todos los caracteres de una contienda a muerte, que sólo terminaría con el aniquilamiento de uno de los bandos. El Gobierno de Londres miraba con aprensión el fuerte estallido expansionista posrevolucionario de Francia. La creciente sombra de Bonaparte estremecía hasta los cimientos el postulado del *equilibrio continental*, artículo de fe para Inglaterra, que consistía en mantener a las potencias europeas mutuamente enfrentadas y neutralizadas entre sí, dejando a Gran Bretaña el papel de árbitro supremo y magno vigilante de la diplomacia continental. La expansión napoleónica tenía dos consecuencias inmediatas para Londres: le restaba mercados, dejando a la producción inglesa – siempre en aumento – sin posibilidad de colocación, desplazada por la competencia francesa; en segundo término, había razones para creer que Bonaparte pensaba extender su influencia a otros continentes, lo que implicaría el estrangulamiento del poderío inglés. Era menester impedirlo a toda costa. Francia ocupaba a Holanda, y Holanda tenía colonias que podían caer en poder de Francia. Justamente Home Popham, el que urdiera proyectos sobre el Río de la Plata, sugirió a Pitt la conveniencia de ocupar la ciudad del Cabo, colonia holandesa. Los informes decían que estaba mal guarnecida, de modo que sería una conquista fácil, que aportaría a Gran Bretaña una base inmejorable en el Atlántico sur, a la vez que era puerta de acceso al océano Índico, donde se habían avistado naves francesas. El Gabinete aprobó la idea, y allá fue Home Popham con una flota donde embarcaba un ejército al mando de sir David Baird. Cruzaron el Atlántico e hicieron escala en Bahía, al norte del Brasil. Gran revuelo entre la gente, que acudió en masa a los muelles, para ver el insólito espectáculo de la gran escuadra. Y poco después llegó la noticia a Buenos Aires, provocando alarma. El virrey Sobre Monte y las autoridades porteñas supusieron que esa fuerza estaba destinada al Río de la Plata, y tomaron recaudos para asegurar la defensa. Pero no pasó nada. Las naves británicas levaron anclas, y el susto se lo llevaron los holandeses. En enero de 1806 era ocupada la ciudad del Cabo casi sin resistencia. Home Popham había tenido razón.

Pero en el intervalo de los preparativos, viaje y ocupación, ocurrieron algunos hechos de singular importancia. El 21 de octubre de 1805 se enfrentaron en Trafalgar las escuadras de Francia y España con la de Gran Bretaña. El resultado fue decisivo. Inglaterra perdió su mejor almirante; pero ganó el dominio casi absoluto de los mares. El peligro de que Napoleón pudiera trascender fuera de Europa se mitigó sensiblemente. A su vez, España quedó cortada de sus colonias, imposibilitada de mandarles auxilios o protección suficiente. Aparentemente, restaban a merced de la voluntad inglesa. Un mes después de Trafalgar, Napoleón destrozó a los ejércitos coligados contra Francia en los campos de Austerlitz. Si Gran Bretaña era dueña del mar, Napoleón quedaba como amo indiscutido del continente europeo. Dicen que al saber la noticia de Austerlitz, William Pitt enrolló el mapa de Europa y lo guardó, diciendo que no haría falta en los próximos diez años. Y aunque no lo hiciera, es posible que desplegara – al menos, mentalmente – el mapa de Hispanoamérica. Allí se extendía un enorme Continente desligado de su Metrópoli, lleno de ciudades y de gente compradora. Y en los puertos ingleses se abarrotaba la producción que los manufactureros no podían colocar en Europa. Si por diez años Londres debía dar la espalda a lo que hubiera allende el paso de Calais, el decenio podía dedicarlo provechosamente al otro lado del Atlántico. Es posible que Pitt volviera a pensar en el Río de la Plata. No lo sabemos, pues murió el 20 de enero de 1806, antes de poder hacer nada al respecto.

Proyectos de Popham

Allá en el Cabo, Home Popham seguía pensando en el ancho río sudamericano. Desde antes de salir de Inglaterra tenía informes de que Buenos Aires y Montevideo estaban prácticamente desguarnecidas. En Bahía los informes fueron confirmados. Ya en el Cabo, todos los datos que reunió, ratificaron lo sabido, cosa que por lo demás era cierta. Alentado por la fácil conquista de la colonia holandesa, Popham comenzó a sacarle punta a la idea rioplatense. ¿Por qué no? Inglaterra ganaría una colonia de incalculable valor militar, que junto con el Cabo aseguraría el dominio del Atlántico sur. A su vez, el *hinterland* pampeano aportaba una inagotable fuente de materias primas y su población un consumo seguro de la manufactura inglesa, que estaba pasando tan malos momentos. Popham era comerciante, además de marino, y estaba bien al tanto del problema. Un detalle lo decidió. Sus informantes le aseguraron que en Buenos Aires se custodiaba una fuerte suma de dinero, unos cinco millones de pesos plata, detenida al no poder seguir hacia España, después de Trafalgar. ¡Cinco millones de pesos plata! Por la ley inglesa, si Popham se apoderaba del tesoro, sería repartido entre jefes y oficiales, tocándole una suculenta porción. Manos a la obra.

El marino inició una intensa operación de ablande sobre el general Baird, para que le prestara una fuerza de tierra. Hizo destellar ante los ojos de sir David las monedas de plata del tesoro, le habló de la parte que le correspondería sin riesgo, habló del poderío británico. Nada sería más fácil que repetir lo del Cabo, ganando méritos y dinero. Baird sacó cálculos, y aceptó. Entregó a Popham un millar de hombres, casi todos veteranos del 71º de infantería ligera de Escocia, colocando a su frente a un coronel tuerto de treinta y ocho años, sir William Carr, vizconde de Beresford. Lo ascendió a brigadier – equiparándolo en grado con Popham –, y le dio la bendición. El 9 de abril de 1806, Popham escribió una impagable carta al Almirantazgo comunicándole su decisión: como la inactividad le hacía grave daño moral, había resuelto conquistar el Río de la Plata. Después de tan emotiva explicación, ordenó levar anclas: era el 14 de abril de 1806. En Santa Elena hicieron escala, y Popham convenció al Gobernador de que le prestara también él unos cuantos hombres. Luego emprendió la última etapa. El 20 de mayo, el fuerte de Santa Teresa, en la Banda Oriental, avistó un navío de guerra inglés. Era la fragata *Leda*, avanzada de la fuerza invasora que se aproximaba. A mediados de junio la flota llegaba a la isla de Flores, donde ancló para operar la reunión de las naves y ultimar detalles.

Buenos Aires, ciudad inglesa

En Buenos Aires, el Virrey no sintió perturbar su sueño. Está bien que la noticia de noviembre anterior sobre la presencia de naves británicas en Bahía fue una falsa alarma. Podía pasar que no diera trascendencia a la aparición de la *Leda* en las costas orientales; pero desde el 18 de junio no quedaba duda de que una fuerza británica se disponía al ataque en el río de la Plata. Sobre Monte se limitó a tomar algunas medidas elementales, en la creencia de que el asalto sería sobre Montevideo. Cierto que ésta y Buenos Aires tenían deficiente guarnición; pero el Virrey pensó superar la situación. Creyó, probablemente, que los ingleses se limitarían a amagar, o que tenían otro destino, por lo que se dejó estar.

Al anochecer del 24 de junio, el comandante del fuerte de la ensenada de Barragán, don Santiago de Liniers, avistó naves británicas acercándose a Buenos Aires, y mandó parte urgente al Virrey. Sabemos que la noticia arruinó la velada teatral de que disfrutaba el Marqués, que salió para seguir haciendo fuera poco más que nada, aparte de mandar a la Virreina y sus hijas a Monte Castro – hoy Floresta – con todo el equipaje listo.

Ya estaban encima los ingleses. Militarmente, hubiera convenido más apoderarse de Montevideo, plaza fuerte fácil de defender; pero los cinco millones de pesos estaban en Buenos Aires, y allí se dirigieron Beresford y Popham. Hacia el mediodía del 25 de junio comenzó el desembarco en Quilmes. No fue fácil ni sencillo. Bajo una tenaz llovizna que empapaba todo, los soldados debieron hacer tierra en esa costa baja, pantanosa, convertida en un magma de barro y agua; es decir, un lugar ideal para ser diezmados por una defensa decidida. Pero allí los ingleses tuvieron la primera sorpresa agradable. Los soldados del Virrey, al mando de Pedro Arze, se limitaron a permanecer en las barrancas vecinas, mirando de lejos a los invasores, que de ese modo pudieron completar el desembarco con plena tranquilidad, durante el resto del día. Cuando el 26 estuvieron todos reunidos, rompieron marcha hacia la barranca al son de las gaitas del 71° de *Highlanders,* y comenzaron a trepar la altura. Los defensores jamás habían visto un espectáculo semejante: las filas marchaban impertérritas, sin tomar en cuenta las balas que silbaban a su alrededor, en fuego no demasiado graneado. Como seguían inexorablemente, comenzaron a flaquear, y cuando el coronel Arze dio orden de repliegue, todos escaparon en magnífica estampida, dejando solo al jefe, que exclamó desolado: *"¡Yo ordené una retirada, no una fuga!"* Y mientras corría él también para ponerse a salvo, del fondo del corazón le surgió un lamento: *"¡Carajo! ¡Qué dirán las mujeres de Buenos Aires!"* Después redondeó su amargura al informar: *"Tengo la satisfacción de que todos me hayan dejado solo".* Claro que se preocupó de no prolongar su soledad por mucho tiempo. Tal fue la escaramuza de Quilmes. Los ingleses tenían campo abierto, y rompieron marcha hacia Buenos Aires, mojados, embarrados y felices.

Aún Sobre Monte dispuso una línea de defensa, sobre el Riachuelo, en el puente de Gálvez – hoy, puente Pueyrredón –; pero tan pronto como aparecieron los ingleses y sonaron los primeros tiros, los aguerridos defensores se apresuraron a ponerse en salvo. En primer lugar, Sobre Monte, que recorrió con franca prisa la calle Larga de Barracas (hoy, avenida Montes de Oca), hasta llegar a la calle de las Torres (Rivadavia), donde en vez de doblar a la derecha rumbo al Fuerte, giró a la izquierda, perdiéndose tras el horizonte hacia el Interior y dejando totalmente abandonada la capital del Virreinato.

Se ha discutido mucho la actuación de Sobre Monte. Se ha insistido, en su defensa, que desde los tiempos del virrey Vértiz existía un plan defensivo por el cual, en caso de invasión extranjera al Río de la Plata, si no se podía retener a Buenos Aires o a Montevideo, debía procederse a un repliegue hacia el Interior, dejando tierra rasa en medio y abriendo el vacío frente al invasor. La defensa quedaría centrada en Córdoba, donde se organizaría la ofensiva. Todo eso es cierto; pero el plan debía ponerse en marcha sólo en caso extremo, ante la imposibilidad de retener la Capital, no aplicable *ipso facto* ante la aparición de un pequeño cuerpo invasor que basaba su acción en la audacia antes que en la fuerza.

Tampoco estuvo elegante mandar fuera a la familia, en franco tren de fuga, demostrando que el Virrey pensó retirarse desde el primer momento. La primera escala que hizo Sobre Monte fue Monte Castro, donde se unió cariñosamente con los suyos. Ignacio Núñez, testigo presencial, comentó con amarga ironía:

"El Virrey llegó a Monte Castro y tomó posesión de la Sra. Virreyna, al mismo tiempo que el mayor general Beresford llegó a la fortaleza y tomó posesión del Virreynato."

Cuando Sobre Monte llegó a Córdoba, la declaró capital provisional.

En Buenos Aires reinaba la confusión. Los dispersos del puente de Gálvez entraban en desorden, sembrando el pánico. Las autoridades, reunidas, debatían la situación. Había que capitular; pero ¿cómo se hace una capitulación? Y allí los graves señorones de la Audiencia se trenzaron en desorientadas consideraciones sobre el protocolo a seguir.

Eran las primeras horas de la tarde del 27 de junio, día gris, cargado de tristeza. Las nubes plomizas se deshacían en llanto de lluvia persistente, fría, invernal. El reloj del Cabildo marcaba las tres, cuando extraños sonidos musicales se acercaron a la plaza Mayor, música marcial de suaves tonos agudos, marcando el compás de firmes pies en marcha. Pronto desembocaron en el espacio de la plaza soldados correctamente formados, de rojas casacas, con aire arrogante y victorioso. Venían en filas muy espaciadas, como queriendo ocultar cuán pocos eran en realidad. Altos, rubios, de ojos celestes, avanzaban en medio de un silencio opresivo, entre casas con puertas y ventanas atrancadas, impertérritos los rostros mojados por la lluvia, pero calientes los corazones por la victoria. Detrás de visillos y portales, otros ojos se empañaban de lágrimas al ver pasar al vencedor con la impotencia del vencido. Un profundo dolor caía sobre Buenos Aires, maridándose con el triste día de invierno. Un joven abogado de veintiocho años, testigo de la jornada, escribiría:

"Yo he visto en la plaza llorar muchos hombres por la infamia con que se los entregaba; y yo mismo he llorado más que otro alguno, a las tres de la tarde del 27 de junio de 1806, cuando vi entrar 1.560 hombres ingleses, que apoderados de mi patria, se alojaron en el fuerte y demás cuarteles de esta ciudad."

El joven letrado se llamaba Mariano Moreno.

Beresford, gobernador

Una vez en el Fuerte y con la bandera británica tremolando al tope del mástil, Beresford hizo balance de la acción. La conquista de Buenos Aires había costado a los ingleses un muerto, un desaparecido y trece heridos leves. Más barato, imposible. En Londres se alegrarían los corazones. Pero en Buenos Aires había una urgencia mayor: ¿dónde estaban los caudales? Se los había llevado el Virrey. Beresford frunció el ceño, y pronunció alguna torva amenaza. Si no aparecían los caudales, podía tomar desagradables represalias. Urgente comunicación a Sobre Monte. Finalmente, éste accedió a entregar los caudales, con la condición de que no salieran de Buenos Aires hasta determinar claramente si eran o no un botín de guerra legítimo. En Luján los ingleses se hicieron cargo del tesoro. Desdichadamente, no eran cinco millones, como decían los informes, sino apenas algo más de un millón de pesos plata, pero siempre era algo, y podía compensar el sacrificio de la conquista. Como en ningún momento pensaran respetar lo acordado, lo embarcaron rumbo a Londres, donde fue gloriosamente paseado por las calles, antes de ser depositado con unción en las arcas del Banco de Inglaterra. Cuando llegó el momento de la repartija, y después de algunas trifulcas entre los jefes por las partes correspondientes, Beresford recibió once mil libras esterlinas, y Popham, siete mil; en cuanto a Baird, que sólo prestó la tropa sin correr riesgos, se llevó la mejor parte, veinticuatro mil libras. De todas maneras, era bastante dinero para todos. Allá en su paraíso de piratas y corsarios, Morgan y Drake debieron de asentir con aprobación...

Por el momento, Beresford se dedicó a organizar la conquista. Como no tenía instrucciones de ningún tipo, obró prudentemente. En principio, Buenos Aires pasaba a ser colonia inglesa, en tanto la Corona no resolviera otra cosa, de modo que había que jurar a Jorge III. Pero trató de no ser demasiado urticante, buscando apoyo en la población; sobre todo, entre los poderosos. Siguiendo la experiencia ya probada en la isla Trinidad, comunicó que la religión, los bienes y las instituciones de los porteños serían respetados escrupulosamente. Conservó el aparato administrativo español, confirmando en el cargo a todos los funcionarios. Lo único que cambiaba era la bandera y el monarca. Lo demás seguía tal cual. Invitados a jurar al nuevo Rey, allí fueron los españoles. El obispo don Benito de la Lué y Riega al frente de todo el clero, salvo escasas y honrosas excepciones; el Cabildo en pleno, y los jefes militares. Ninguno tuvo empacho en declarar su flamante devoción a Jorge. El Consulado también apareció e hincó la rodilla, con excepción del secretario, elegante y puntilloso abogado de treinta y seis años, Manuel Belgrano, que luchara en las escaramuzas previas a la ocupación. Antes que jurar, prefirió irse a la Banda Oriental. La Audiencia también se negó en redondo, por su condición de representante del Rey de España, además de que, habiendo jurado a Carlos IV, se sentía inhibida de hacerlo por otro monarca.

Aparte su formal respeto por la religión, usos, propiedades y autoridades de los porteños, Beresford informó el 28 de junio que se otorgaría plena libertad de comercio, y además prometió – ¡oh dicha! – que serían rebajados los impuestos.

Aquellos días parecieron augurar a los ingleses una larga y feliz estada en su nueva colonia. La tropa se alojaba en los cuarteles; pero jefes y oficiales pasaron a residir en las casas de las familias más distinguidas de la ciudad, donde fueron bien atendidos. Elegantes y apuestos, atentos y corteses, fraternizaban con sus huéspedes. Se anudaron algunos romances, y no fue raro ver pasear una niña porteña junto a un impecable oficial inglés. Incluso se tomaron algunas costumbres de los invasores; sobre todo, en formalidades del trato y en el servicio de la mesa.

Todo iba viento en popa, y Popham se felicitaba de su genial idea. Los primeros partes de Beresford a Londres exultaban seguridad y optimismo. Buenos Aires estaba definitivamente ganada. Sólo alguno que otro oficial detectaba ciertas miradas de odio, algún gesto desdeñoso, el saludo cuidadosamente negado, el servicio retardado, una vaga, apenas velada hostilidad, sorda e imprecisa, pero latente y presente.

Las primeras relaciones

Es innegable que el General inglés y sus oficiales obraron en Buenos Aires con magnífica prudencia y mesura. A Beresford no se le subió la conquista a la cabeza, y en todo momento fue plenamente consciente de sus limitaciones: estaba obrando como militar sin instrucciones, a un pelo de la insubordinación; ocupaba una ciudad de más de 40.000 almas con un millar y medio de soldados, cifra espantosamente reducida que se perdía en un rincón del gigantesco Virreinato, aún indemne e intacto, de cuyas profundidades vendría tarde o temprano la reacción. Era menester ganar tiempo hasta la llegada de refuerzos, ya pedidos urgentemente. De allí que el General y los oficiales evitaran todo motivo de roce con los nativos, respetándolos escrupulosamente en sus bienes y personas, dejando intactas costumbres e instituciones, buscando ganarlos a toda costa. Desde ya, Beresford suponía – y no se equivocaba – que la resistencia mayor provendría de los españoles peninsulares, aferrados por mero sentido de amor al terruño, a la fidelidad a la Madre Patria. Su esperanza fueron los criollos; especialmente, los más capaces y educados, pertenecientes a las esferas profesionales y comerciales. Hacia ellos tendió las redes, suave y pausadamente: en una Buenos Aires británica, ellos serían los llamados a los más altos cargos; bajo la *Union Jack* se les abrirían de par en par las puertas, que España entreabría con recelo y mezquindad; como súbditos de Jorge III, se encaminarían por un ancho sendero de progreso y honores.

Y contactos hubo. Lamentablemente, es muy poco lo que sabemos al respecto; pero uno de los invasores, Alexander Gillespie, dejó consignado que no pasaba día sin que recibiera, en forma más o menos velada, la adhesión de algún criollo prominente. Hizo una lista que llegó a tener más de cincuenta nombres – no demasiados, para 40.000 habitantes de la ciudad –, y cuando estuvo de vuelta en Inglaterra, al producirse los hechos de Mayo de 1810, encontró que tres componentes de la Primera Junta figuraban en su lista, apresurándose a comunicarlo al Foreign Office, para que tuviera en cuenta el dato. Desgraciadamente, Gillespie no conservó copia de la nómina, no menciona los nombres de esos tres miembros, y el libro que entregó al Gobierno, o se ha perdido, o no se ha encontrado aún.

Dos detalles impidieron un firme apoyo criollo a Beresford: en primer término, no se ofrecía independencia de ningún tipo. El Virreinato seguiría siendo colonia bajo otra firma responsable, y, como tiempo después diría Manuel Belgrano al general Craufurd, en tal condición los criollos preferían al amo viejo. En segundo lugar, entre los criollos existía desconfianza sobre los planes futuros de Inglaterra. No era la primera vez que las potencias europeas ocupaban posesiones coloniales de otra, y después las devolvían en la mesa de la paz. Apoyar a los ingleses sin la plena seguridad de su parte, era jugar una carta brava que podía terminar en la horca. Como Beresford no podía dar garantías en ese sentido, las cosas no siguieron adelante. Lo cierto es que no sabemos qué alcance tuvieron esos contactos, ni qué valor les atribuyeron ambas partes. Sólo contamos con el testimonio parcial y fragmentario de Gillespie, y con la evidencia – demostrada por los hechos posteriores – de que los ingleses no lograron ganar ningún sector significativo de los criollos. Solamente sabemos de un par de éstos que se embelesaron con la idea de ser súbditos británicos, poniéndose a trabajar de firme en ese sentido: Saturnino Rodríguez Peña y Aniceto Padilla, que no tuvieron ninguna influencia en los hechos de Mayo.

Mientras unos oficiales buscaban anudar relaciones y convencer gente, otros se dedicaban a otra tarea, más silenciosa, pero de mayores alcances: estudiaban atenta y prolijamente artesanías y utensilios de los rioplatenses. Los ponchos norteños eran examinados al detalle en su color, textura y tamaño. Los estribos de los jinetes, incluso los más ordinarios, de palo, eran motivo de largas sesiones de revisión. Ropas, objetos, nada se salvó del peculiar catastro, que no obedecía a ninguna pasión científica o costumbrista, sino que preparaba otra invasión inglesa, mucho más formidable y trascendente que la de Beresford. Los estudios y diseños fueron enviados a Inglaterra, y en adelante desde Londres se mandaron ponchos catamarqueños *made in Manchester,* y rústicos estribos pamperos fabricados en serie, mucho más baratos que los nativos, que rápidamente desplazaron a las artesanías locales, provocando un largo desajuste económico en las que fueran colonias españolas.

Y al tiempo que unos conversaban con prominentes criollos y españoles, y otros estudiaban peinetas y mantones, Beresford no descuidó un tercer e importantísimo elemento, vital para la reducida fuerza con que ocupaba la ciudad: pese a la tranquilidad reinante y a las atenciones de las altas esferas, el suyo no dejaba de ser, en cierta forma, un ejército sitiado dentro del enorme Virreinato, y era menester cuidar el piso bajo los pies. De modo que organizó un sistema de espionaje, tan perfecto y eficiente como los ingleses saben hacerlo, para estar al tanto de hasta el último suspiro que se emitiera en la ciudad.

La resistencia

Tenía razón Beresford, pues aunque él no lo supiera, la resistencia empezó en el mismo momento en que puso pie en la ciudad de Buenos Aires. Hubo varios focos que comenzaron de manera independiente, pero que convergieron rápidamente merced a contactos, hasta quedar en cierta forma bajo la dirección de un maduro y enjuto vecino, de acusados rasgos, severos ojos ardientes y voluntad de acero, llamado Martín de Álzaga. Todavía se lo considera un prototipo de españolismo; pero hay razones para diluir esa visión tradicional. Era vasco, y había llegado a Buenos Aires siendo un muchacho de doce años, sin bienes propios y sin saber hablar español, pues sólo dominaba el vascuence. Se empleó en la fuerte casa comercial de Santa Coloma, aprendió el castellano, prosperó en base a tesón, reunió capital propio, se estableció por su cuenta, y cuando llegaron los ingleses, era uno de los hombres más ricos del Virreinato.

Enérgico y decidido, carecía de simpatía o poder de atracción personal; pero era un verdadero piloto de tormenta, indoblegable, valiente hasta la temeridad, frío, duro y eficaz, que sabía hacerse obedecer, porque sabía mandar. Un capitán nato. Y cuando los ingleses desfilaron por Buenos Aires, Álzaga se prometió expulsarlos, aunque para ello debiera perder vida y fortuna. Y entró a trabajar con su acostumbrada eficiencia. Apenas cuarenta y ocho horas después de ser enarbolada la bandera británica en el Fuerte, ya mantenía reuniones para tomar las primeras medidas. Pronto entró en contacto con otras líneas de resistencia, dirigidas por los catalanes Felipe Sentenach y Gerardo Esteve y Llach, que dirigían un grupo de complotados, y tenían planes precisos en marcha. En las conversaciones, aparte la planificación militar, se tomaron otras determinaciones trascendentes: resolvieron que si los ingleses eran expulsados, se convocaría a Cabildo Abierto para deponer al virrey Sobre Monte por su indigna actitud, tras lo cual se nombraría un gobierno provisional, en tanto el Rey resolviera en definitiva. Una verdadera revolución, cabal y formal, para los usos y costumbres virreinales.

Silenciosamente comenzaron a alquilarse las casas fronteras al Fuerte y los lugares estratégicos ocupados por el invasor, en cuyas azoteas se establecerían cantones para cuando llegara el momento de obrar. A su vez, de las casas frente al Fuerte, y bajo la dirección de Sentenach, que era ingeniero, se empezaron a cavar túneles con el fin de minar el edificio y volar por los aires a sus habitantes. También había que reclutar gente, y éste era un punto peligroso, pues se podía filtrar algún soplón que denunciara los preparativos. Álzaga era consciente de que Beresford estaba organizando un sistema de espionaje, por lo cual estableció un régimen celular de reclutamiento. Cinco hombres componían una célula. Nadie sabía quiénes eran los jefes, ni quién organizaba y pagaba el todo. Cada hombre comprometido recibía paga diaria – del bolsillo de don Martín –, para prepararse intensamente y estar listo para la acción en cualquier momento. De la enorme eficiencia del aparato habla muy alto el hecho de que Beresford, al frente de su cumplida red de espionaje, sólo tuvo noticias de que algo pasaba cuando el ejército secreto de la Resistencia llegaba a 2.500 hombres dentro de la ciudad.

Hacían falta armas. Los ingleses habían prohibido poseerlas en casas particulares. Los conjurados se las arreglaron para hacerse de todas las que escaparon al control del invasor. No desdeñaron ni las inservibles, y se establecieron talleres donde silenciosamente eran reparadas y puestas a punto. Día a día, ocultos tras las ocupaciones rutinarias, las tertulias sociales y los bailes donde alternaban con los oficiales ingleses, la Resistencia fue creciendo en volumen y afilando los cuchillos, a la espera del momento ansiado. Cuando el número de enrolados fue suficiente, se tornó imperioso dar instrucción militar a un grupo importante. Álzaga, cuya bolsa abierta enflaquecía sin dolor, alquiló cerca de Olivos una quinta llamada de Perdriel, perteneciente a la familia de Belgrano, adonde fueron mandados sigilosamente los hombres que habrían de formar la fuerza de choque. El lugar elegido, cerca de la costa, obedecía a que por allí se esperaba el desembarco de las tropas que Ruiz Huidobro preparaba en la Banda Oriental.

También crecía el cuerpo de oficiales para el ejército secreto. Allí estaba el joven Juan Martín de Pueyrredón, de veintinueve años, fuerte comerciante educado en Francia, cuñado de un cabildante, que ya había iniciado por su cuenta y riesgo una línea de resistencia. Se fue a Montevideo, cuyo gobernador, Pascual Ruiz Huidobro, le aconsejó organizar guerrillas entre la gente de las afueras de Buenos Aires. Vuelto a la Capital con ese fin, entró en contacto con Álzaga, participando en las reuniones, y recibiendo el mando de las fuerzas que se preparaban en Perdriel.

Y de pronto apareció don Santiago de Liniers y Bremond, marino de cincuenta y tres años, francés de nacimiento, y comandante del fuerte de Ensenada al tiempo de la invasión. Los ingleses llegaron a destino dejándolo de lado, y allí quedó un poco olvidado, hasta que pidió permiso para trasladarse a Buenos Aires. El maduro marino, que era dos veces viudo, mantenía una afectuosa relación con una compatriota nacida en Martinica, Ana Perichon de Vandeuil. Anita estaba correcta y legalmente casada con un O'Gorman. Su marido se convirtió en activo colaboracionista, al punto de entusiasmar a Beresford, lo cual le permitió conocer a la esposa, lo que induce a creer que el adusto jefe inglés cambió de entusiasmos. Por lo menos, Anita logró una cosa: que Beresford concediera a Liniers el permiso para trasladarse a Buenos Aires. Una vez en la Capital, el marino y el General conversaron amistosamente. Liniers comentó a Beresford que pensaba abandonar la carrera de las armas para dedicarse al comercio, cosa que el otro aprobó calurosamente, y tal vez por ello cometió la distracción de no pedirle el juramento de fidelidad a Jorge III. Libre de compromisos, un día don Santiago fue a misa en la iglesia de Santo Domingo, y allí tuvo una suerte de revelación. Nada de comercio ni de colgar la espada. Dedicaría sus fuerzas a expulsar a los herejes ingleses. Ante la imagen de la Virgen del Rosario prometió que, caso de vencer en la demanda, entregaría a ese templo las banderas que tomara al enemigo. Pronto estuvo en contacto con Álzaga, que ultimaba preparativos con Ruiz Huidobro, quien desde Montevideo disponíase a acudir a la reconquista de Buenos Aires. Liniers era el hombre indicado para activar la pronta ayuda de la Banda Oriental, y en tal sentido fue comisionado para entenderse con Ruiz Huidobro. El 9 de julio de 1806, Santiago de Liniers eludió la vigilancia inglesa, y salió de incógnito de Buenos Aires, rumbo a Montevideo.

Las fuerzas en presencia

Pasados los primeros momentos de estupor tras la caída de la Capital, muchos porteños comenzaron a hacer examen de conciencia frente a la calamidad que significaba haber sido dominados por un puñado de ingleses. Desde ya, la defección de Sobre Monte era indisculpable, y no la mitigaba la circunstancia de que estuviera reuniendo tropas a setecientos kilómetros de distancia. Había preparado mal la plaza, no supo dirigir la defensa, y había abandonado la lucha sin entablarla en serio. Lo mismo cabría decir de las tropas veteranas, que habían hecho un soberano papelón. Jefes y oficiales habían competido con la tropa en la fuga, y luego se habían apresurado a jurar a Jorge III, asegurándose cargos y sueldos. Melancólicamente, escribiría Mariano Moreno:

"La plaza tenía mil medios de defensa; y quinientos de los nuestros bastaban para acabar a los enemigos..., pero teníamos la fortuna de que los oficiales de plana mayor eran tan militares como el marqués."

En verdad, la culpa era de todos, y los criollos no estaban excluidos. Hablando de la triste acción del puente de Gálvez, en la que intervino, aseguraba Manuel Belgrano: *"Nunca sentí más haber ignorado... hasta los rudimentos de la milicia"*. Sin embargo, don Manuel llevaba nada menos que diez años como capitán de milicias, tiempo más que prudencial para haberse informado de tales rudimentos. Más, aún: cuando la flota de Popham apareció en Bahía en noviembre de 1805, Sobre Monte encargó a Belgrano la formación de un cuerpo. El prócer confiesa honestamente que nadie le llevó el apunte y atribuyó el desinterés al desprestigio militar en el Plata. Puede ser; pero también es factible que Belgrano no se tomara muy a pecho la misión. Tuvieron que ocupar los ingleses a Buenos Aires, para que comprendiera que el cargo de capitán de milicias implicaba algo más que lucir elegantes uniformes en días de desfile. Pero nadie negará que don Manuel supo sacar partido de la experiencia. Dejó los asuntos legales y económicos que lo apasionaban, y comenzó a estudiar táctica, estrategia y logística con plena dedicación y responsabilidad. Ya sabemos que lo hizo muy bien. El futuro general no sería hijo del galante capitán de milicias, sino el atormentado ciudadano ante la patria humillada.

Tampoco los ingleses mostraban un cuadro homogéneamente marcial. Sacando al 71° de escoceses, formado por soldados veteranos, aguerridos y disciplinados, el resto eran unos desclasados, enganchados a la fuerza, poco afectos a la disciplina, y sólo obedientes al látigo del rigor. Incluso ofrecían espectáculos deplorables. Un día, don Gaspar de Santa Coloma pasó frente al cuartel de la Ranchería, ocupado por esas tropas, y describió lo que sigue:

"*Los hallamos a todos, menos al capitán de guardia, que estaban hechos una uva, a todos borrachos, todos tirados por el suelo, desnudos, y, en fin, hechos una miseria, que con cincuenta hombres que allí hubieran entrado eran todos perdidos, pero nada de esto creyó el Marqués de Sobremonte.*"

Naturalmente, estas cosas mellaron el respeto que imponía el invasor, alentando la resistencia. Para mediados de julio, ya le resultó claro a Beresford que las cosas no marchaban tan bien como creyera un par de semanas antes. Empezaron a aparecer soldados ingleses apuñalados en las calles. Británico que se alejaba del cuartel o se atrevía a salir solo, corría peligro de vida. Al mismo tiempo, comenzaron a menudear las deserciones; especialmente, entre soldados católicos, activa y eficazmente trabajados por la población. Los convencían, los ayudaban a desaparecer y los ocultaban. Tan seria llegó a ser la cosa, que Beresford se vio obligado a emitir una severa disposición, condenando a muerte a todo el que alentara la deserción en las fuerzas ocupantes. Al mismo tiempo, mandó acuartelar las tropas, y canceló todos los permisos de salida.

Beresford estaba en su derecho, como jefe militar; pero resulta más difícil de explicar la actitud del obispo, don Benito de la Lué y Riega, tan a gusto con los invasores, que llegó a fulminar desde el púlpito contra todo aquel que promoviera en cualquier forma la resistencia contra Su Majestad Británica y sus aguerridos representantes. La obsecuencia de Monseñor llegó a la traición. No contento con predicar la sumisión a Inglaterra y desalentar las deserciones del invasor, mandó un monje agustino a Montevideo – usina de la Reconquista –, para exigir a las parroquias de la Banda Oriental el pago inmediato de las sumas adeudadas a la sede episcopal, agregándole un pedido de adelanto sobre futuros óbolos. En momentos en que se rascaban todos los bolsillos para acudir a la lucha por la liberación de Buenos Aires, la actitud del Prelado no tiene justificación posible.

Beresford era consciente de que las cosas se ponían difíciles. Sabía que en Montevideo se preparaban fuerzas; pero por ese lado se sentía cubierto por Popham, que dominaba el río. En cuanto a Sobre Monte, aún estaba lejos, y tardaría en llegar. No; de allí no venía el peligro. El peligro estaba dentro de Buenos Aires, y sir William intuía que tenía una bomba bajo los pies. Finalizando julio, los hechos le dieron la razón. Su servicio de espionaje pescó entonces la punta de la madeja, detectando el oculto movimiento de la resistencia.

Se inicia la reconquista

Liniers se encontraba desde el 16 de julio en Montevideo. Junto al atildado, inarrugable y perfumado gobernador Ruiz Huidobro, consideró largamente la situación. Don Pascual había reunido una fuerza respetable, y tenía un plan de acción. Efectuar el cruce del río con naves ligeras de escaso calado, cuya rapidez les permitiera eludir las pesadas naves inglesas, y acercarse a la costa. El desembarco se efectuaría en Olivos, y la marcha sobre Buenos Aires coincidiría con el alzamiento del ejército secreto de Álzaga. Pero el 18 de julio llegó una orden del distante virrey Sobre Monte, ordenando a Ruiz Huidobro el envío de las fuerzas de la Banda Oriental a Cruz Alta, Córdoba, donde seguía reuniendo tropas. La orden era un desatino militar que dejaba desguarnecida a Montevideo delante de las narices de Popham. Nadie estaba dispuesto a obedecer semejante disposición; pero tampoco se podía desacatar abiertamente al Virrey. En junta de guerra se resolvió que ni Ruiz Huidobro ni las fuerzas preparadas debían moverse de Montevideo. Entonces, Liniers propuso al Gobernador le cediera 500 veteranos bien armados. Con esa exigua fuerza se sentía capaz de reconquistar a Buenos Aires. Don Pascual – que en el fondo mostraba poco interés en ponerse al frente de la expedición – aceptó encantado.

Liniers se trasladó a Colonia con su reducido ejército, y empleó el resto del mes en reclutar gente y ultimar preparativos. El 31 de julio ya tenía a sus órdenes unos 1.300 hombres; pero también tenía enfrente a Popham, que, al tanto de lo que se tramaba, mantenía rigurosamente vigilado el río. Cualquier tentativa de cruce se estrellaría contra las poderosas fragatas inglesas, erizadas de cañones. Para colmo de males, enterado Beresford por su espionaje de que en la chacra de Perdriel se acantonaba una pequeña fuerza de resistencia, mandó contra ella una columna que sorprendió a los criollos, entablándose un combate de inciertos resultados, pues si bien los criollos dejaron el campo, se pareció más a una dispersión controlada que a una fuga por arrollamiento. Los británicos quedaron con la sensación de haber golpeado en el vacío, provocando poco daño real.

Pueyrredón logró eludir a los ingleses, y llegó a Colonia, donde informó a Liniers. La situación era comprometida, pero no desesperada. Beresford seguía ignorando la presencia del ejército secreto de Álzaga dentro de la ciudad, y había confundido a los de Perdriel con el todo de la conspiración. En consecuencia, Liniers envió de vuelta a Pueyrredón. Debía reunir a las dispersas, pero intactas fuerzas, y esperar el desembarco, que se operaría tan pronto como fuera posible burlar a la escuadra inglesa. Entonces Neptuno recordó que Liniers era marino. y le mandó una soberbia sudestada.

Sabemos lo que es esta típica tormenta rioplatense. Durante días y días sopla un viento frío, cortante, impetuoso, en tanto llueve, llueve incesantemente, calando hombres y cosas. Bajo un pesado cielo gris, todo parece convertirse en un magma húmedo sacudido por el temporal. En noches de sudestada, la visibilidad es nula, y don Santiago aprovechó a fondo la ocasión. Al caer la tarde del 3 de agosto, ya tenía a la gente embarcada; y tan pronto desapareció la luz, se internó en el río, al que conocía como la palma de la mano. Sin ningún trabajo se filtró por entre las fragatas británicas, pasando a metros de ellas sin ser avistado. Las tripulaciones del invasor, muy ocupadas en evitar que las naves se fueran contra la costa o quedaran dañadas por el fuerte oleaje, seguramente pensaron que nadie se atrevería con el río embravecido en esa noche como boca de lobo.

Al amanecer el 4 de agosto, Liniers había dejado a Popham a sus espaldas; pero el temporal seguía, y le fue imposible desembarcar en Olivos, conforme al plan primitivo. Pasó la jornada buscando acceso, y finalmente se metió por el río Luján. Con las primeras luces del 5, y bajo incesante lluvia, comenzó el desembarco y la marcha sobre Buenos Aires.

Por la tarde llegaron a San Isidro; pero fue imposible dar un paso más. Toda la región estaba convertida en pantanos intransitables. Acamparon como pudieron, y tuvieron la satisfacción de ver aparecer a Pueyrredón con los dispersos de Perdriel, al tiempo que buen número de paisanos se acercaban, sumándose a la fuerza reconquistadora. También contaba Liniers con el refuerzo de Francisco Mordeille, corsario francés que navegaba con patente española, y que puso sus hombres a las órdenes del compatriota, para luchar contra los ingleses.

En tanto, Sobre Monte se acercaba con su ejército, y el 7 de agosto se dirigió a Liniers ordenándole que sólo atacara en caso de sentirse seguro de la victoria. De lo contrario, debía esperar su llegada, para proceder combinados. Pero, al parecer, nadie tenía intención de esperar a Sobre Monte, ni de combatir a su lado. Liniers tuvo que esperar hasta el 8, para que el temporal le permitiera seguir adelante. El 9 estaba en la Chacarita de los Colegiales, a un paso de la meta, luchando aún con pantanos y barrizales. Tenía a sus órdenes más de 3.000 hombres, masa creciente y ardorosa, que no veía el momento de caer sobre los ingleses. Desde el Fuerte, Beresford presentía el avance, impotente y desalentado. Desde que Popham le avisó el cruce del río, comprendió que su única salvación consistía en salir de inmediato al encuentro de Liniers y destrozarlo en campo abierto, sacando partido de la mejor disciplina británica. Pero la sudestada lo clavó en Buenos Aires, y el estado imposible de los caminos le impidió sacar la artillería; y sin ella era imprudente atacar.

En una sombría entrevista con Popham, los jefes barajaron posibilidades. Beresford no veía ninguna. Estaba encajonado en la ciudad, y la masa que se venía encima desbordaría a la corta fuerza a sus órdenes. Popham estuvo de acuerdo, y convinieron embarcar, a la espera de los refuerzos pedidos. Dispuestos a evacuar la ciudad, la misma sudestada impidió el reembarco de las tropas con un mínimo de seguridad. Sólo se remitieron a los buques los documentos y algunos heridos... Beresford no tenía más remedio que esperar a pie firme lo que ocurriera. El 10 de agosto tuvo noticia de que Liniers se encontraba en los Corrales de Miserere, en las mismas puertas de la ciudad.

La lucha por Buenos Aires

El ambiente porteño se mostraba tenso y pesado. Las familias pudientes embalaban a toda prisa sus equipajes, y se retiraban urgentemente a las quintas de las afueras, para eludir el peligro. Buenos Aires se despoblada a ojos vistas; pero Beresford no se forjaba ilusiones. Intuía que estaba al borde de una sublevación popular que podía acabar con los suyos. No podía irse por donde vino, rumbo a la ensenada de Barragán, como pensó en un momento, porque el barro bloqueaba la ciudad. El mismo día 10, desde los Corrales de Miserere, Liniers le intimó rendición, que sir William rechazó altivamente.

Esa tarde, Liniers efectuó un sorpresivo movimiento, corriéndose desde los Corrales de Miserere hasta el Retiro por los bordes de la ciudad. Vecinos y paisanos ayudaron a pasar los cañones y municiones por los pantanos, y antes de caer la noche, los ingleses habían sido desalojados de ese punto, mejorando la posición de los atacantes. Todo el día 11 pasó a la expectativa, preparándose el asalto final.

Con las primeras luces del 12 de agosto, el ejército de la Reconquista se puso en marcha dividido en tres columnas, que entraron por las actuales calles Reconquista, San Martín y Florida. Detonan los primeros disparos, y de pronto estalla un verdadero infierno. Los 2.000 hombres del ejército secreto de Álzaga salen a la luz, invaden las calles, cubren las terrazas, como surgiendo de bajo tierra. La lucha alcanza una ferocidad inusitada. Las que hoy se llaman calles 25 de Mayo, Rivadavia e Hipólito Yrigoyen, pululan de atacantes. Por todos lados convergen hacia la plaza Mayor. El alzamiento es general e incontenible. Desde la Recova, Beresford, sable en mano, rodeado por los hombres del 71° de *Highlanders,* dirige desesperadamente una defensa imposible. Al cabo, comprendiendo que corre peligro de ser aniquilado allí mismo, cruza el sable sobre el brazo izquierdo: orden de repliegue. Cubiertos por fuego graneado, los ingleses se encierran en el Fuerte.

Desde lejos, Popham seguía a catalejo las acciones, impotente. El calado de sus naves y la poca profundidad del río le impedían acercarse, para cubrir con su poderosa artillería a Beresford. Una nave inglesa que se acercó demasiado a la costa, fue sorprendida por la bajante, quedando en seco. Juan Martín de Pueyrredón destacó una fuerza montada, de la que formaba parte un joven salteño, Martín de Güemes, para abordarla, cometido que se cumplió conforme a las órdenes. Fue un caso único de buque de guerra asaltado y capturado por fuerzas de caballería.

En la ciudad, Liniers había perdido por completo la dirección de las acciones, que se desarrollaban de manera completamente espontánea. El enardecimiento general era tal, que podía temerse que los británicos fueran degollados hasta el último hombre. Una verdadera marea humana rompía contra los muros del Fuerte. Beresford comprendió que el único camino que le quedaba era capitular. Levantó, pues, bandera de parlamento. Liniers mandó a Hilarión de la Quintana, para averiguar qué proponía el General inglés. El emisario contaría después:

"... Y llegando a la presencia del general inglés, no esperé propuesta suya, sino que, procediendo fuera de las órdenes que llevaba, le intimé de nuevo la rendición, indicándole que en caso contrario, ni aun su persona sería garantida."

En tanto, un inglés, Alexander Gillespie, se asomó al parapeto de la Fortaleza para mirar la plaza. Mejor no lo hubiera hecho. Decenas de disparos partieron de la multitud convergiendo sobre su cabeza. De milagro Gillespie quedó con vida; pero en el colmo de la indignación por lo que consideraba una violación de la tregua, quiso arrastrar una pieza de artillería para emprenderla a cañonazos. Lo sujetaron los camaradas, mientras Hilarión de la Quintana subía al parapeto con los brazos en cruz, ofreciendo su pecho e increpando al gentío. El gesto de valor – cumplidamente admirado por los británicos – se realza teniendo en cuenta que la mayor parte de la multitud estaba formada por irregulares que no sabían nada de parlamentos o treguas, hallándose en un peligroso estado de enardecimiento.

Beresford aceptó rendirse, y aún quedó tan contento con el emisario, que posteriormente le regaló su sable. El primer signo de la victoria se tuvo cuando la bandera británica fue arriada, enarbolándose la rojo y gualda española, en medio de un delirio como jamás viviera Buenos Aires. Eran las tres de la tarde del 12 de agosto de 1806.

En medio de la algarabía general, Beresford apareció en la puerta del Fuerte, custodiado por Quintana, adelantándose hasta donde lo esperaba, erguido y victorioso, Santiago de Liniers. Los jefes se saludaron, cambiaron corteses cumplidos, y se alejaron juntos. Los ingleses recibirían todos los honores de guerra. El glorioso 71° salió gaitas al frente, banderas al viento, fusiles al hombro, perfectamente formado para desfilar entre una doble fila de desarrapadas tropas vencedoras, que presentaron armas al vencido. Los escoceses atravesaron la plaza, y al llegar al Cabildo, depositaron armas y banderas a los pies del victorioso Liniers. Luego pasaron a inaugurar su cautiverio. Así terminaron los 46 días en que Buenos Aires estuvo anexada al Imperio Británico.

Al día siguiente, Santiago de Liniers cumplió su palabra. En la iglesia de Santo Domingo, arrodillado ante la Virgen del Rosario, entregó las banderas del aguerrido 71° de *Highlanders,* para que fuera su eterna custodia.

Sobre Monte, rechazado

Otro que cumplió su palabra fue Martín de Álzaga. Había prometido que en Cabildo Abierto el virrey Sobre Monte sería castigado por su desidia y su proceder equívoco. Tal cual. Para el 14 de agosto se convocó la Asamblea General. A las once de la mañana empezó la sesión, arrancando en tono menor. Se desagravió un retrato de Carlos III rasgado por una bala de cañón de los ingleses. Se ordenó un *Tedéum* en acción de gracias por la victoria. Se concedieron pensiones para las viudas y huérfanos de los caídos en la lucha. Se habló de la defensa de la ciudad, pues el triunfo era sólo parcial: la flota de Popham seguía intacta, dominando el río de la Plata, y de un momento a otro recibiría refuerzos. Entonces comenzó el plato fuerte. El alcalde de primer voto, Francisco de Lezica, preguntó si al llegar el Virrey a Buenos Aires se le debía entregar el mando militar, pues no contaba con la confianza del pueblo. La muchedumbre reunida en la plaza Mayor, sabiamente motivada, estalló en alboroto, pidiendo a gritos la deposición de Sobre Monte y vitoreando a Liniers. Entre los conductores de la pueblada se distinguían Juan Martín de Pueyrredón y un abogado, Juan José Paso. Hubo largas deliberaciones. La Audiencia, órgano conservador por excelencia, trató de paliar las cosas: el Virrey era intocable, como representante directo del Rey, y únicamente el Soberano podía castigarlo o removerlo. Pero como el ambiente estaba demasiado caldeado, hubo que transigir, y se llegó a una solución intermedia: se pediría a Sobre Monte que delegara el mando militar de Buenos Aires en el capitán Santiago de Liniers. No por edulcorado, el hecho dejaba de ser menos revolucionario. Se nombró una comisión que partió en busca del alto funcionario, que viajaba hacia Buenos Aires con toda la idea de reocupar su puesto en el Fuerte.

Encontraron al Marqués en Pergamino, el 19 de agosto. Al saber lo ocurrido en el Cabildo Abierto, Sobre Monte sufrió un acceso de furia. Presa de fuerte berrinche, se negó en redondo a aceptar ninguna imposición. Aseguró que el virrey era él, y que, como tal, era el único que mandaba. Acusó de insolencia, insubordinación y desacato a lo resuelto en la Asamblea General. Discutió, pataleó, gritó, y se fue a San Nicolás, donde siguió gritando, hasta que el 28 de agosto terminó por ceder, delegando el mando militar en Liniers y el político en la Audiencia, tal como se le pedía. También renunció a entrar en Buenos Aires. Anduvo dando vueltas por algunas poblaciones, hasta que semanas después llegó a Montevideo, donde fue recibido con escasa alegría por la población, que le arrojó ratones muertos al paso, gritando: *"¡Avanza! ¡Avanza para Córdoba!"* Poco después entraba en conflicto con el gobernador Ruiz Huidobro.

La falsa capitulación de Beresford

En tanto, Beresford y los oficiales ingleses iniciaban un cómodo cautiverio. Tan confortable, que lo más fatigoso era la activa vida social que debía desarrollar. Se relacionaron con lo más granado de la sociedad porteña, y mantuvieron interminables tertulias con los captores. Y entre las relaciones de Beresford se contaba su ya vieja amiga Ana Perichon de Vandeuil, amante del vencedor, Santiago de Liniers. Para facilitar las cosas, el marido legal de Anita se había comprometido a tal punto con los ingleses, que tras la Reconquista consideró prudente radicarse en el exterior. Con la gentil y hermosa Anita, con el bonachón Liniers, sir William Carr comenzó a dar muestras de depresión por la derrota y por las consecuencias personales que podría acarrearle; especialmente, por haberse rendido incondicionalmente. Sería sometido a consejo de guerra, y sabía cómo las gastaban sus compatriotas en semejantes casos. Solía traer a cuento, melancólicamente, lo ocurrido con el almirante John Byng en 1756. En esa ocasión, los franceses dieron una soberana paliza a los británicos en la isla de Menorca, y el Almirantazgo, buscando responsables a lupa, encontró al almirante Byng: fue acusado de desidia, incompetencia y cobardía, y sumariamente pasado por las armas. Aquel fusilamiento ocurrido cincuenta años atrás había repercutido hondamente en todos los hombres de armas británicos. Fue una barbaridad, sin duda; pero incentivo maravillosamente a los cuadros, de almirante y general para abajo. Nadie podía decir cuándo un consejo de guerra volvería a poner contra el paredón a un jefe superior por perder una batalla. Y Beresford había perdido algo más que una batalla. Lo había perdido todo. ¿Quién le aseguraba que no tendría que ir a hacerle compañía a Byng en la historia?

Liniers estaba lejos de ser un hombre duro. Condescendiente y blando – por no decir ingenuo –, se dio a estudiar la forma de sacarle las castañas del fuego a Beresford, y éste le dijo cómo. Se podría prefabricar una capitulación *ex post factum,* en términos honorables para él, acordando la devolución a Inglaterra de jefes y oficiales prisioneros. Así se hizo, y quedó consignado por escrito el 17 de agosto, antedatándolo al 12. Liniers estaba obrando por cuenta propia y sin autorización de nadie, excediéndose en todo sentido; y por ello, en un momento de lucidez, hizo consignar que el cumplimiento de la capitulación tendría efecto *en cuanto pueda.* Y la verdad es que no podía mucho.

Cuando alrededor del 29 de agosto comenzaron a salir a luz los términos de la capitulación, la impresión que produjo fue deplorable. De no haber sido Liniers en ese momento el hombre más popular de Buenos Aires, no lo hubiera pasado nada bien. Mantuvo una entrevista con las autoridades, en el curso de la cual se franqueó abiertamente, explicando lo ocurrido. El gesto caballeresco de Liniers fue comprendido y disculpado por todos; pero de la *capitulación,* ni hablar. Beresford y los jefes británicos fueron trasladados a Luján, como medida de seguridad. Y entonces el que demostró poseer ideas personales sobre la caballerosidad, fue sir William Carr, que en adelante no cesó de acusar a Liniers de violar los términos de la capitulación. Una capitulación a todas luces falsa, arrancada de favor y antedatada. En cuanto a Liniers, no tuvo más castigo que un cólico vesicular, consecuencia del disgusto, que lo volteó en cama tres días.

Capítulo II

Don Martín de Álzaga

Se organiza la defensa

Tradicionalmente, hablamos de dos invasiones inglesas. En verdad, fue una sola, que abarcó de julio de 1806 a la segunda mitad de 1807, con dos embates ofensivos sobre Buenos Aires, pues durante el lapso señalado, en ningún momento los británicos dejaron de dominar el río de la Plata. Rendido Beresford con su escasa tropa, quedaba Popham con su fuerza intacta, meciéndose las poderosas fragatas en el río, a la espera de refuerzos que no tardarían en llegar. Por ello, tan pronto como culminó la Reconquista, comenzó febrilmente la movilización general ciudadana, previniendo el próximo zarpazo inglés. A nadie se le escapaba que aquello era un respiro transitorio.

Había que organizar, equipar y disciplinar a la población que cumplió la hazaña del 12 de agosto. El 6 de setiembre, Santiago de Liniers – al parecer repuesto del cólico – convocó a todos los hombres aptos para la lucha. Debían formar regimientos, y dispuso que éstos se distribuyeran por regiones. Los nativos de la zona norteña formarían el de Arribeños, los hijos de Buenos Aires se constituirían en Patricios, y los peninsulares lo harían conforme a la región de origen, surgiendo así los Vizcaínos, Catalanes, Montañeses, Gallegos, etcétera. A partir del 10 de setiembre se puso en marcha la movilización. Ejército eminentemente popular, milicia ciudadana en todo el sentido de la palabra, eligió sus propios jefes por votación, surgiendo de ese modo, de la noche a la mañana, un cuadro de jefes y oficiales tan espontáneo como novato, sin más antecedentes y aval que el afecto de sus hombres, generando una serie de celos y resquemores entre los candidatos. Método discutible y peligroso, se ha dicho; y en cierta forma puede que así sea, ya que afirman que favorece la emergencia de incapaces e ineptos. Sin embargo, de esos cuadros improvisados, nacidos al calor del pueblo, salieron muchos ilustres generales de la Guerra de Independencia que hicieron honor al voto de sus hombres. Por lo menos, si bien el sistema puede favorecer la aparición de un incapaz, también hace posible su rápida eliminación, al evitar que la ineficiencia sea avalada por la antigüedad y la sobrevivencia.

Al votar el cuerpo de Patricios, que era el más numeroso, resultó electo don Cornelio de Saavedra, un severo comerciante de cuarenta y siete años, que de ese modo dejó el mostrador y las telas por los entorchados de coronel, con profundo disgusto de Manuel Belgrano, quien, aspirando al cargo, debió conformarse con un grado inferior. Entre roces y situaciones personales, la ciudad se movilizó, entrando Buenos Aires en una verdadera vorágine militar. Por todos lados, tropas a paso redoblado, gritos de órdenes, evoluciones. Por doquier, elegantes oficiales luciendo flamantes grados y vistosos uniformes, dando marcial colorido a la otrora apagada ciudad.

Pero no bastaba con jugar a los soldaditos. Era menester levantar una eficiente organización que abarcara planos menos detonantes, pero fundamentales. Prácticamente, había que cumplir un milagro para sacar de la nada, no sólo un ejército que supiera combatir, sino que tuviera con qué hacerlo. Y el forjador del milagro fue el mismo Martín de Álzaga, que pusiera en marcha la Reconquista. El ejército secreto de ayer estaba ahora a la vista de todos. En primer término, hacía falta dinero. Dinero en abundancia. Don Martín siguió poniendo su fortuna al servicio de la defensa. De su peculio sostenía un regimiento entero, el de Patriotas Voluntarios de la Unión. Pero también obligó a los más acaudalados vecinos a poner su parte sin timidez. Probó su talento administrativo ubicándose al frente del aparato logístico, sin olvidar detalle: organizó talleres para reparar armas y fabricarlas; mandó traer y almacenar grandes cantidades de pólvora; estudió los puntos que debían ser fortificados, y dirigió los trabajos; reunió caballadas de buena calidad, para tener listo un eficiente cuerpo montado; acumuló, reparó e introdujo cañones para la artillería; organizó la maestranza; previó depósitos de alimentos, y no contento con la múltiple tarea, también anduvo en la confección de vestuarios y uniformes. Con increíble energía, el tenaz vasco estaba dispuesto a convertir a Buenos Aires en una plaza inexpugnable. Como nada podía esperar de España, exprimió a fondo la tierra, para hacerla autosuficiente; pero cuidó que en España supieran lo que estaba pasando. El Cabildo encomendó a Juan Martín de Pueyrredón y a Juan Pedro Velázquez que se trasladaran en su nombre a la Península, para explicar a Carlos IV lo acontecido, desde la llegada de los ingleses hasta la heroica Reconquista, sin olvidar, por supuesto, el lamentable proceder del virrey, marqués de Sobre Monte.

Se prepara el ataque inglés

La noticia de la conquista de Buenos Aires llegó a Londres el 13 de setiembre. Hubo un estallido popular de alegría. El gabinete británico consideró los alcances de la feliz nueva. En primer término, se dejó sin efecto el relevo fulminado contra Popham por desobediencia, medida tomada al saberse que el marino se dirigía por su cuenta al río de la Plata. Vistas las cosas, no había que desanimarlo.

De modo que se lo regañó cariñosamente, amonestándolo en tono menor por invadir países sin permiso, pero confirmándolo en el mando. Se aprobó todo lo actuado por Beresford, y se dispuso que en adelante Buenos Aires sería colonia británica. Los alegres comerciantes, apretados por el bloqueo napoleónico, se apresuraron a cargar naves con mercancías, para ir a venderlas al Río de la Plata. Pronto un centenar de ellas surcaba el Atlántico, rumbo a la nueva joya de la Corona. Con profunda melancolía escribe el historiador inglés John Street: "Desgraciadamente, cuando se dictaron estas órdenes, Buenos Aires estaba nuevamente bajo el dominio de España, y nunca más estuvo en posición de recibir los beneficios de la administración británica". *Gratia Dei inmortalis!*

El eufórico Gobierno inglés resolvió sacar partido de la conquista, ampliándola y asentándola sobre sólidas bases. El 11 de octubre partía de Inglaterra el brigadier sir Samuel Achmuty al frente de 4.000 hombres, rumbo al río de la Plata. Debía ponerse a las órdenes de Beresford, conquistar a Montevideo, y ocupar la mayor porción del Virreinato. Un mes después seguían por el mismo camino otros tantos soldados, al mando del general Robert Craufurd. Su misión: bordear el cabo de Hornos y ocupar la capitanía general de Chile. El Gabinete británico se veía ya dueño de media Hispanoamérica, y los felices comerciantes sacaban optimistas cálculos de ventas.

Pero allá en el Río de la Plata, sir Home Popham era mucho menos feliz y optimista. El primer escalón de refuerzos le llegó sólo a principios de octubre, mes y medio después de perder Buenos Aires. Eran 2.000 hombres enviados por el general

Baird desde el Cabo. Demasiada gente, para flotar indefinidamente en el río. Era menester ganar una cabeza de puente. El 28 de octubre, Popham se abalanzó sobre Montevideo; pero las defensas se mantuvieron firmes. Sin perder tiempo, al otro día atacó a Maldonado. Desembarcaron las tropas, y después de una furiosa lucha quedó ocupado el lugar. Entonces la indecisión volvió a reinar en el Río de la Plata.

En Montevideo, Sobre Monte, que mantenía a sus órdenes el ejército que trajera del Interior, tuvo una sonora pelea con Ruiz Huidobro, a causa de la caída de Maldonado, y en su trascurso el Gobernador se refirió ácidamente al poco airoso papel del Virrey en la defensa de Buenos Aires. Las incoherentes medidas de Sobre Monte hicieron comprender al Cabildo montevideano que el mayor peligro no era Popham, sino el Marqués, por lo cual se le sugirió respetuosamente que dejara el mando a Ruiz Huidobro, y se fuera a organizar cosas a otra parte. Heroicamente, Sobre Monte aseguró que sólo saldría de Montevideo muerto o por la fuerza. Como veremos, al cabo salió, pero de ninguna de esas dos maneras.

Dejar a Popham en su cabeza de puente, era asegurar a los inminentes refuerzos ingleses un seguro punto de partida para iniciar operaciones. Entonces, quien asumió la defensa fue el gauchaje lugareño. La tierra se levantó en guerrillas, rápidas, inasibles, mordientes, agresivas, que en poco tiempo apretaron tan estrechamente a los ingleses, que bien puede afirmarse quedaron perfectamente asediados en su precario reducto de Maldonado.

Al tiempo que Popham asaltaba sin éxito a Montevideo, del otro lado del océano ocurría otro hecho dramático para los ingleses. Desde la ciudad de Berlín, Napoleón Bonaparte decretaba oficialmente el bloqueo continental de Inglaterra. Por su orden, todos los puertos de Europa quedaban cerrados a las naves y mercancías británicas. Aquello era una verdadera alarma nacional para la potencia isleña. Todos los depósitos estaban abarrotados, sin posibilidad de salida; no había dónde colocar la producción acumulada; las fábricas cerraban una tras otra, y un creciente número de desocupados llenaba las ciudades con un ejército del hambre más temible que las huestes de Napoleón. Para colmo de males, al finalizar el año 1806 llegó la noticia de la reconquista de Buenos Aires. Inmediatamente, el Gabinete cambió de planes: era menester concentrar esfuerzos para ocupar el Río de la Plata, mercado seguro para el comercio inglés. Achmuty ya estaba en marcha. Se giró orden a Craufurd para que abandonara el camino a Chile y se uniera al otro General. Se sumaron 1.600 hombres más, y se los colocó al mando de sir John Whitelocke, que sería el comandante supremo de la empresa, y gobernador general de los territorios por conquistar. También se acordaron de Popham: lo relevaron sin más trámite, ordenándole presentarse para ser sometido a consejo de guerra. La derrota no da dividendos.

La destitución de Sobre Monte

El 5 de enero de 1807 estaba Achmuty en Maldonado. Ya sabía del drama de Beresford, y de las cien naves mercantes colmadas de mercancías enviadas a Buenos Aires en uno de los negocios más ruinosos de los empresarios ingleses. Había que ocupar a Montevideo cuanto antes. El 15, el General giraba intimación al virrey Sobre Monte, que éste rechazó con altivez. Fue lo único que hizo el Marqués, pues el 16, cuando Achmuty comenzó el desembarco en el Buceo, volvió a caer en su típica atonía, destacándose por la incompetencia. Las fuerzas que sacó al paso de los ingleses, fueron dispersadas por el invasor. El 19 había concluido el desembarco, y comenzaba el asedio de Montevideo, de donde pidieron urgente ayuda a Buenos Aires.

Allí seguía la furia militar a todo trapo. Cuenta Juan Manuel Beruti que el 15 de enero, a las dos de la madrugada, se tocó a generala con gran estrépito. ¿Llegaban los ingleses? No, salían de maniobras, de las que participó el pueblo entero. Formaron los cuerpos, dejaron la ciudad, y evolucionaron horas enteras por las afueras. Todo culminó felizmente a la una de la tarde con un formidable banquete popular, en el que confraternizaron jefes, oficiales, cabildantes, prelados, oidores, vecinos y soldados. Ágape que terminó a las cuatro de la tarde, tras lo cual volvieron a formar las tropas, iniciando un fuego graneado de fusil y cañón que duró 45 minutos, para gran regocijo de los asistentes. Luego se encaminaron con sones marciales y batideras al viento hacia la plaza Mayor, donde se desconcentraron, para volver felices a casa.

Recibidas las noticias y el pedido de auxilio de Montevideo, por influencia de Álzaga, quien consideraba que Buenos Aires debía defenderse en Montevideo, se decidió salir en su apoyo, y como primer escalón se mandó a Pedro Arze con 500 hombres, mientras Liniers se preparaba en persona, con la orden expresa del Cabildo de no acatar el mando del virrey Sobre Monte, que a todo esto ya había salido de Montevideo por su voluntad y en excelente salud. El 24 partió Arze, y el 29 de enero llegaba a Colonia el segundo escalón, con Liniers al frente de 2.000 hombres; entre ellos, los Patricios de Cornelio de Saavedra. Sobre Monte había prometido que tan pronto arribaran, hallarían medios de movilidad para llegar a Montevideo; pero cuando desembarcaron, recibieron la primera noticia desagradable. En Colonia no había un carro, ni una mala mula, para transportarlos. Con todo, emprendieron camino a pie, llevando a hombros la impedimenta. El único logro feliz fue que los 500 hombres de Arze pudieron llegar a tiempo a Montevideo, sumándose a la defensa.

Cuando el 2 de febrero Achmuty supo del arribo de refuerzos a Colonia, decidió apresurar el trámite. En la madrugada del 3 asaltó con máxima violencia la ciudad, logrando doblegar sus defensas. En el feroz combate murió el corsario Mordeille, amigo de Liniers y combatiente en la Reconquista. Aplastado por el enemigo, Ruiz Huidobro debió rendirse. Alegando que Liniers no había cumplido los términos de la *capitulación* con Beresford, Achmuty lo metió en un barco con otros jefes, y los mandó presos a Inglaterra. En cuanto a Sobre Monte, andaba por la campaña dedicado a su deporte favorito de organizar legiones a muchos kilómetros del frente de batalla.

El 4 de febrero regresó Liniers a Buenos Aires con la noticia de lo ocurrido en Colonia y en Montevideo. La indignación contra el Virrey fue inenarrable. El 6 se reunió una junta de guerra en el Cabildo, bajo opresivo ambiente. El pueblo rugía en la plaza pidiendo drásticas medidas. Don Martín de Álzaga, alcalde de primer voto desde el 1° de enero, pidió sin vuelta de hoja la destitución del Virrey. La Audiencia, empeñada en salvar a cualquier precio la majestad de las instituciones, se opuso, aunque comprendiendo que Sobre Monte no podría volver a gobernar, por lo cual mocionó para que se solicitara al Marqués quisiera depositar en ella todos sus poderes. El Cabildo no aceptó procedimiento tan suave, y exigió la deposición. Ante la crisis de poderes, se convocó a Asamblea General o Cabildo Abierto para el día 10, en cuyo trascurso se resolvió la suspensión del Virrey y el arresto de su persona con *la correspondiente atención y debido decoro*, confiscándosele papeles y correspondencia. Jamás había ocurrido nada semejante. Un pueblo desplaza, apresa y confina a un representante intocable de un rey absoluto. Se mandaron delegados para comunicarle la nueva y apoderarse de su persona; pero los tales delegados fueron respaldados cuidadosamente por una fuerza militar capaz de neutralizar a la guardia del ex Virrey. Encontraron a Sobre Monte en la Banda Oriental, el 17 de febrero. Como era de esperar, el Marqués intentó agrandarse profiriendo gritos y amenazas; pero le hicieron comprender que con ello no iba a ninguna parte. Lo entendió, se entregó, y fue llevado preso a San Fernando.

Días después, el 24, se enteraron en España de la invasión inglesa, la ocupación de Buenos Aires, la Reconquista y el triste papel que cupiera a Sobre Monte. La Corte resolvió separarlo del cargo, y nombró virrey interino del Río de la Plata a Pascual Ruiz Huidobro, ignorando que en esos momentos el interesado navegaba como prisionero de guerra rumbo a Inglaterra.

La fuga de Beresford

Allá en Luján, sir William Carr cumplía su cautiverio en compañía del comandante del 71° de *Highlanders*, teniente coronel Denis Pack. Más que cautiverio, la estada se parecía a una forzosa y prolongada vacación, dichosamente disfrutada por los prisioneros. La vieja y chata villa estaba de parabienes con la novedad de tan ilustres huéspedes, y se desvivía por hacerles llevadero el pesado destino. Los oficiales ingleses eran bombardeados con invitaciones a saraos, banquetes y bailes, y en días de asueto salían muy de mañana de cacería, de la que regresaban en horas de la noche. Vigilancia real no tenían. Habían dado palabra de no volver a tomar las armas contra el Virreinato, y entonces esas cosas contaban. La exigencia más dura que pesaba sobre ellos era la obligación de apersonarse al anochecer, para dar cuenta de que aún seguían prisioneros.

Pero en Buenos Aires don Martín de Álzaga sospechaba, y con buenas razones. Había descubierto la presencia de logias en contacto con los ingleses, que buscaban una suerte de acuerdo con los invasores. Éste es un punto aún demasiado oscuro y mal conocido de nuestra historia, pero de indudable y real existencia. El número de complotados fue mínimo, y su influencia, nula; pero estaban bien organizados, y dependían del excelente sistema de espionaje británico. Uno de los componentes de esta secta, Saturnino Rodríguez Peña – que era nada menos que secretario de Liniers al tiempo que oficial del Regimiento de la Unión de Álzaga –, tuvo una entrevista con el enérgico vasco, para proponerle un protectorado británico en el Plata. Álzaga intuyó lo que el otro quería, y dispuso que en la entrevista hubiera testigos, estratégicamente ocultos tras las cortinas, para que avalaran eventualmente su inocencia. Se ha dicho que detrás de Rodríguez Peña sospechaba la mano de Liniers, de quien ya desconfiaba el Alcalde; y se afirma, también, que antes de proceder, deseaba saber los nombres de otros complotados. Todo esto puede ser más o menos cierto; pero, por qué razón no mandó fusilar, o simplemente detener, o vigilar a Rodríguez Peña, es todavía un misterio, a menos que don Martín estuviera jugando a varias barajas. Podemos asegurar que la larga incomunicación con España, la ineficiencia de las autoridades hispanas ante los ingleses, y posteriormente la Reconquista, aportaron a Álzaga la certeza de que era hora de que estas tierras pensaran por cuenta propia. Creemos que hoy es indiscutible aceptar que Álzaga fue de los primeros en proyectar una. independencia absoluta del Río de la Plata, cuando aún la mayoría consideraba prematuro o no viable cualquier intento de separación. Pero tampoco debió de ocultársele al Alcalde lo riesgoso de su postura: por un lado se convertía en traidor a España, y por el otro se encontraba en posición similar frente a Inglaterra, pues habiendo ayudado a desplazar a los británicos, era seguro candidato a la horca, en caso de volver los invasores. Era menester suma prudencia, y buscar de cualquier forma amigos y aliados. De allí el doble juego: desechó tibiamente las propuestas de Rodríguez Peña, sin desautorizar ni castigar al proponente, al tiempo que ordenaba internar a Beresford y a Pack en Catamarca, desligándolos de los posibles vínculos que pudieran tener con sus compatriotas establecidos en la Banda Oriental.

Todo lo cual fue el prólogo para otro acontecimiento misterioso, hasta el momento no bien explicado. Cuando llegó la orden de trasladar a Beresford y a Pack al Interior, se presentaron en Luján Saturnino Rodríguez Peña y Aniceto Padilla, otro turbio personaje, y pidieron se les entregaran los prisioneros, lo que se cumplió de inmediato, sin más trámite ni mayores averiguaciones. Los dos criollos desaparecieron con los dos ingleses a toda prisa, y tras cruzar tranquilamente la ciudad de Buenos Aires, llegaron a la costa y se embarcaron rumbo a Montevideo. De manera tan extraña y sencilla huyeron los principales jefes británicos, pese a todos los recaudos tomados. Y las dudas cobran cuerpo cuando nos enteramos de que Saturnino Rodríguez Peña dejó en Buenos Aires una larga familia de mujer e hijos, que en adelante será silenciosa y discretamente sostenida por don Martín de Álzaga.

En la fuga también anduvo mezclado un pintoresco abogado, José Presas y Marull, nacido en Cataluña, pero criado y educado en Buenos Aires, sobrino de don Francisco Marull, dueño de la famosa botica del Colegio. Ya era sospechoso de tiempo atrás por sus ideas. A consecuencia de la fuga de Beresford, tuvo que escapar también. Se dirigió a Río de Janeiro; pero tan pronto como desembarcó, fue a dar con los huesos en la cárcel, por ciudadano de país enemigo. Estaban a punto de internarlo en algún remoto lugar del *sertão* brasileño, cuando la casualidad lo salvó, proyectándolo a una singular carrera. Enterado el almirante inglés Sidney Smith de la presencia del prisionero, lo mandó llamar, para recabar informes. Simpatizó con el abogado, y lo retuvo a su lado como secretario y traductor. Así se inició José Presas en la alta política internacional, de la que llegaría a ser destacado intrigante.

Liniers, virrey interino

En medio del río de la Plata, una fragata inglesa descubrió por casualidad la embarcación que llevaba al cuarteto Beresford, Pack, Rodríguez Peña y Padilla. Recogidos del agua, fueron de inmediato llevados a Montevideo. Los dos criollos iniciaron un largo destierro a sueldo del agradecido Gobierno inglés, que no olvida los favores recibidos. En cuanto a Beresford, se entrevistó con Achmuty. Éste le ofreció el mando de las fuerzas para recuperar a Buenos Aires; pero sir William tenía razones para no aceptar: en primer término, había dado palabra de no volver a tomar las armas contra los porteños, y estaba resuelto a cumplirla; por lo demás, no confiaba en el éxito de la invasión. Creía a pies juntillas que nunca se podría dominar a Buenos Aires, sino a costa de un pesado número de tropas y un riguroso régimen policial. Estaba convencido de que ése no era el camino; pero si Inglaterra alentaba la independencia rioplatense entre los medios criollos, habría posibilidades de ser bien recibido.

En consecuencia, quería marchar a Londres, para exponer sus puntos de vista ante el Gobierno. Se despidió de Achmuty, y abandonó el Río de la Plata.

Las cosas fueron distintas con Denis Pack. También había dado palabra de no tomar armas contra los defensores platenses, pero tan pronto como se vio a salvo, guardó el honor para mejores tiempos, y ciñó la espada en busca de desquite. Tal vez lo moviera una razón afectiva: era el comandante del 71° de *Highlanders*, cuyas banderas, perdidas en combate, se custodiaban como trofeos en la iglesia de Santo Domingo. La idea obsesionaba a Pack, y estaba dispuesto a recuperarlas a cualquier precio. Reinició con tantos bríos sus funciones militares, que el 5 de marzo las fuerzas colocadas a sus órdenes ocuparon a Colonia, trampolín hacia la deseada Buenos Aires.

Liniers, al tanto de la importancia militar de la plaza, ordenó a Francisco Javier de Elío que la recuperara. Valiente y petulante, allá fue el hombre, prometiendo expulsar a los ingleses casi por su sola presencia. Por supuesto, lo derrotaron el 12 de abril sin mucho trabajo. En adelante, Elío permaneció en la campaña, organizando guerrillas de hostigamiento al invasor.

El 10 de mayo se avistaron en Montevideo las naves que traían refuerzos al mando del comandante supremo, general Whitelocke. Al desembarcar, lo que vio no gustó al jefe británico. Esas calles rectas, esos frentes macizos, esas terrazas con parapetos, hacían de la ciudad una verdadera fortaleza en potencia, y una magnífica ratonera para el ejército que por ella se aventurara. Tomó la resolución de no arriesgar jamás sus fuerzas en semejante trampa, y hubiera hecho bien en seguir fiel a su propósito.

Su misión era precisa y dura. Debía recuperar a Buenos Aires, ciudad – ante los ojos británicos – rebelde a su Soberano, ya que sus autoridades habían jurado fidelidad a Jorge III. En consecuencia, Whitelocke debía echar mano de todos los jefes de la Reconquista: Álzaga, Liniers, Sentenach, Pueyrredón, Esteve y Llach, entre otros, y pasarlos por las armas sumariamente. De ese modo, los que dieran máxima muestra de lealtad, corrían peligro de ser juzgados por traidores.

El 15 de junio llegó a Montevideo el general Craufurd, completándose de esa manera los efectivos que debían converger sobre Buenos Aires, nada menos que 12.000 hombres aguerridos y bien armados, fuerza apabullante y al parecer incontenible. Whitelocke ultimó preparativos, y dispuso los efectivos que quedarían de guarnición en la Banda Oriental y los que cruzarían para el asalto. Cuatro mil hombres fueron distribuidos en la costa oriental. Los ocho mil restantes fueron destinados a doblegar a Buenos Aires. Todo quedaba listo para el encuentro supremo.

El 24, Santiago de Liniers pasó revista a las tropas de la defensa: siete mil hombres, que fueron colocados en lugares estratégicos, listos para acudir al llamado de alarma. El 27 de junio, a once meses de la caída de Buenos Aires en poder de Beresford, los ingleses iniciaron el cruce del río. Precisamente en ese momento, horas después de iniciarse el embarco de los británicos, una nave española logró eludir el bloqueo de la escuadra inglesa, anclando frente a Buenos Aires. Traía pliegos de la Península, por los cuales Ruiz Huidobro era confirmado como virrey interino, al tiempo que se ascendía a Liniers a brigadier de la Real Armada. La Audiencia se reunió en el acto, y los graves oidores deliberaron solemnemente. Con Ruiz Huidobro preso, la ley determinaba que el máximo cargo del Virreinato debía caer en el jefe de más alta graduación y mayores méritos que hubiera a mano. Fue llamado Santiago de Liniers, y se le comunicó que, a partir de ese momento, era virrey interino del Río de la Plata.

Liniers, derrotado

Poco tiempo le quedó a don Santiago para regodearse con el ascenso. Ya llegaban noticias de que los ingleses habían desembarcado en la ensenada de Barragán, y marchaban sobre Buenos Aires. La primera providencia de Liniers fue adelantar, el 30 de junio, a Francisco Javier de Elío hasta el puente de Gálvez, para cerrar el paso a los ingleses en el Riachuelo.

El 19 de julio, las fuerzas de Whitelocke llegaban a Quilmes, hostilizadas por partidas de jinetes gauchos, ágiles y huidizos, que mordían eficazmente los flancos del invasor, dando cuenta de los rezagados. Los británicos sintieron el efecto del acosamiento, desprovistos como estaban de una caballería capaz de hacer frente a las guerrillas. Sabedor Liniers de que los enemigos estaban en Quilmes, dio la alarma general y reunió el grueso de sus fuerzas, dispuesto a salir al encuentro de los ingleses. Pero, inexplicablemente, se llevaba todo consigo, dejando desguarnecida a la ciudad. Era jugarlo todo a una carta, pues en caso de derrota, se encontraría sin reservas y con Buenos Aires indefensa. Don Martín de Álzaga protestó altivamente por tan peligroso proceder, obligando a que Liniers dejara una corta fuerza en la ciudad. Tan pronto como el flamante Virrey se alejó, don Martín comenzó a moverse. O bien dudaba de las capacidades de Liniers, o mostró una intuición admirable. Convocó al Cabildo a sesión permanente; reunió grupos de ciudadanos, repartiéndoles armas blancas, y organizó cantones en las azoteas, juntó cuanto candil pudo, mandando tenerlos listos. Convocó a los panaderos de la ciudad, y les exigió se pusieran a amasar pan en el acto y hasta nueva orden. Introdujo cantidad de ganado en la ciudad, y creó servicios auxiliares de todo tipo. Don Martín preparaba a Buenos Aires para soportar un largo asedio.

En tanto, Liniers parecía justificar los temores de Álzaga. Llegado al Riachuelo, no titubeó en cometer el primer error: en vez de aprovechar la vía de agua como muro de contención y atrincheramiento, lo cruzó con todas sus fuerzas, dejándolo a sus espaldas, y quedando en situación de rendirse o ahogarse, en caso de ataque enemigo. Caía la noche del 1º de julio, cuando la vanguardia inglesa llegó al Riachuelo mucho más al oeste. El jefe inglés, al descubrir la presencia del Virrey en tan extraña posición, pensó que le preparaba alguna emboscada, por lo que se corrió Riachuelo arriba, lo cruzó sin trabajo, y se internó tierra adentro, flanqueando a Liniers, y quedando en condiciones de atacarlo por la retaguardia.

En la mañana del 2, Liniers se enteró de que los ingleses se encontraban detrás de sus fuerzas, en los Corrales de Miserere, a las puertas de Buenos Aires. Urgentemente repasó el Riachuelo al comprender su difícil situación, y perdiendo la cabeza dividió sus fuerzas, dejando una parte en el puente de Gálvez, y dirigiéndose con el resto a cerrar el paso de la vanguardia británica. El tiempo era abominable, como el año anterior, con lluvias incesantes, entre fuertes ráfagas de viento frío. Por la tarde tuvo lugar el encuentro en los Corrales de Miserere. Liniers, que como conductor de ejércitos era un magnifico marino, fue cumplidamente derrotado. Sus tropas se hicieron humo. Envuelto en la fuga general, entre la lluvia, el viento y la noche, don Santiago se perdió y fue a dar a un solitario rancho en la Chacarita de los Colegiales, donde desalentado y moralmente vencido envió nota al comando inglés pidiendo capitulación. En esos momentos, Buenos Aires estaba en manos de los ingleses. Así lo comprendió el general Craufurd, que insistió en obrar con audacia y marchar en el acto sobre el Fuerte, para ocuparlo en un golpe de mano. La acción tenia muchas posibilidades de éxito, máxime cuando en esos momentos el grueso de las fuerzas de Whitelocke iniciaba el cruce del Riachuelo; pero el plan fue rechazado, y los británicos perdieron su oportunidad dorada.

En la ciudad reinaba un estado de pánico y derrota. Los fugitivos que iban llegando, afirmaban que todo estaba perdido, y que los ingleses se venían encima. Corrió la voz de que Liniers había muerto. No quedaba esperanza de salvación. Entonces emergió en toda su grandeza la figura de don Martín de Álzaga. El Alcalde de primer voto no se sentía derrotado, y mientras él no lo estuviera, no lo estaría Buenos Aires. Por su cuenta y riesgo asumió el supremo mando militar y civil; llevaba un año trabajando para hacer de la ciudad una plaza inexpugnable, y era llegado el momento de probarlo. Para la empresa le fue de magnífica ayuda el ajustado asesoramiento del teniente coronel Gonzalo de Doblas, que señaló con notable pericia militar los dispositivos a tomar.

Como primera medida, quedaba desterrada toda posibilidad de desaliento. Todo el mundo a trabajar. Ordenó a las tropas inútilmente destacadas en el Riachuelo, que se replegaran sobre la ciudad. Mandó traer los cañones de las afueras, para enfilarlos en las calles. Dispuso que se abrieran dos líneas concéntricas de fosos en torno a la plaza mayor. Se levantaron las piedras de las calles, y fueron llevadas a las azoteas, con destino a eventuales cabezas inglesas. Cada terraza se convirtió en un cantón perfectamente defendido. Los candiles que mandara acumular, fueron encendidos a todo trapo, llenando a la ciudad de luz como en noche de fiesta, mientras bajo sus destellos un pueblo entero trabajaba con picos, palas, reuniendo pólvora, empujando cañones, preparando cartuchos, amasando pan. En ese momento llegó Elío, sin la bravuconería de costumbre, diciéndole a Álzaga que sólo restaba capitular, pues todo estaba perdido. Tuvo una tempestuosa charla con don Martín y otras personas, durante la cual el Alcalde lo puso de vuelta y media.

Elío alegó que no quedaban ya generales para enfrentar a los ingleses. Entonces una voz lo interrumpió: "¡Para *defender la ciudad no necesitamos generales!*"

Aquella inolvidable noche del 2 al 3 de julio pasó sin sueño para Buenos Aires. Nadie durmió, porque todos estuvieron en la calle, haciendo de su patria una trampa mortal para el enemigo. Noche fría, fantasmagórica, entre viento y llovizna. Pero bajo la temblorosa luz de los miles de faroles encendidos, la voluntad de Martín de Álzaga hizo el milagro de trocar el desaliento y la derrota en alegría y fe de un pueblo entero, que sacó fuerzas de la nada, para convertir el derrumbe del vencido en seguridad de vencedor.

Desde los Corrales de Miserere, los ingleses asistían a un inusual espectáculo. A lo lejos, la ciudad aparentemente derrotada, que seguramente ocuparían al otro día, aparecía profusamente iluminada. En la desapacible noche, el aspecto debía de ser espectral, extraño, y en todo caso sobrecogedor. ¿Qué estaba pasando en esa ciudad que, lejos de ocultarse en la sombra del agobio, se vestía de gala para recibir al invasor?

La defensa

El 3 de julio, el general Whitelocke, con el grueso de sus fuerzas, llegó a los Corrales de Miserere, y tomó el mando para el asalto final. El éxito era seguro, después del fracaso de Liniers. Sólo quedaba disponer la manera de entrar, y ocupar los lugares estratégicos. En Montevideo, Whitelocke había comprendido lo peligrosas que eran esas ciudades como la que tenía delante: calles como desfiladeros, donde podía diezmarse al que se aventurara por ellas. Resulta así inexplicable el plan que terminó por aprobar. Es evidente que al jefe inglés le faltaba carácter para hacerse obedecer, o que a sus segundos les sobraba voluntad para imponerse. El primer error fue aceptar que la fuerza atacante se atomizara en una cantidad de columnas separadas entre sí. El segundo, permitir que cada columna se metiera por el desfiladero de una calle, pese a la conciencia de que eso podía ser una ratonera. El tercero, prohibir a las tropas disparar un tiro o detenerse antes de llegar a la plaza Mayor, vale decir que debían dejarse fusilar sin contestar el fuego. Demasiados errores, que demuestran que si Liniers no era precisamente un Napoleón, tampoco Whitelocke y sus segundos formaban en la fila de los genios militares. Y tan seguros estaban de vencer, que postergaron el ataque para la mañana del 5 de julio, otorgando gentilmente a Álzaga otro día entero para completar el dispositivo de la defensa.

El 3 de julio reapareció Liniers en Buenos Aires, sorprendido de que aún los ingleses no estuvieran en el Fuerte. Fue recibido en triunfo, y aclamado como un vencedor. Era tan grande su prestigio, que nadie recordaba el desastre de horas antes. Al contrario, se consideró que ahora el triunfo estaba asegurado. El Virrey interino se entrevistó con el Alcalde de primer voto, aprobó todo lo actuado, reasumió el mando militar, y junto a los demás esperó el asalto británico.

A las seis y media de la mañana del 5 de julio de 1807, las tropas inglesas iniciaron el avance, divididas en 13 columnas que cubrían más de dos kilómetros de frente. Enfilaron por las calles en dirección a la plaza Mayor, iniciándose un enconado y feroz combate. Desde las azoteas, una lluvia de proyectiles caía sobre los invasores. De las barricadas levantadas tras las zanjas abiertas, un nutrido fuego de fusilería les cerraba el paso. Aquello era un verdadero infierno que abría espantosos claros en las filas inglesas. Con denodado valor, los invasores intentaron cumplir su misión. Se apoderaron del Retiro y algunos puntos más. Craufurd y Denis Pack fueron a dar a la iglesia de Santo Domingo, ocupándola. Allí Pack tuvo la agradable sorpresa de encontrar las banderas de su querido 71° de *Highlanders*, haciéndolas flamear de inmediato en la torre.

Pero eran triunfos parciales, no significativos. La mayor parte de las columnas quedaron encajonadas en las calles, sin posibilidad alguna de alcanzar la plaza Mayor. La endemoniada lucha callejera doblegaba a ojos vistas a los británicos, que no tardaron en retroceder, perdiendo cohesión y fragmentándose en grupos, rápidamente copados por los defensores. Uno tras otro, estos bolsones aislados comenzaron a rendirse. Y allí en Santo Domingo quedó el perjuro Pack, con las banderas de su 71° flameando al viento, pero sin poder salir del templo. Al cabo también él debió rendirse por segunda vez a los porteños, en compañía del general Craufurd, y con la certeza de que sería fusilado por haber faltado a su palabra de soldado. Las banderas del aguerrido 71° de *Highlanders* volvieron a ser trofeos.

En la misma noche del 5 de julio, ya rechazado el ataque inglés, Liniers meditó los términos que ofrecería a Whitelocke para que capitulara. Proponía un canje de prisioneros, permitiendo al jefe inglés que se retirara y embarcara sus tropas. Álzaga, que estaba seguro de la victoria, exigió que se agregara a esos términos la devolución de Montevideo y la evacuación de la Banda Oriental. Liniers se mostró escéptico. ¿Cómo pedir a los ingleses tamaña prenda? Tanto daría pedirles la entrega de Londres. Pero Álzaga insistió, y tal como él pedía fue elevado el ofrecimiento a Whitelocke. El 6 de julio, el jefe inglés estudió la propuesta; sus fuerzas habían sufrido rudamente, y buena parte de ellas se hallaban prisioneras; pero creía que aún podía hacer algo. Pidió una tregua, hubo tironeos por ambas partes, y un consejo de guerra en el campamento inglés. En él se resolvió que no quedaba nada por hacer, y que era mejor buscar una salida honorable. Tan derrotados se sentían los ingleses, que aceptaron la dura imposición de Álzaga de entregar la Banda Oriental. Renunciando a Montevideo, los ingleses renunciaban al Río de la Plata. Se firmó la capitulación el 7 de julio hacia el mediodía, entre la algarabía general. Por segunda vez, Buenos Aires doblegaba, por sus propias fuerzas, a las aguerridas tropas del temido Imperio Británico.

Napoleón invade a Portugal

Se otorgó a los ingleses un plazo de dos meses para evacuar a Montevideo, y esos sesenta días resultaron de gloria para los especuladores. Durante la ocupación británica, la capital oriental se había llenado de mercancías inglesas, que atiborraban los depósitos, a la espera de la caída de Buenos Aires. Como el que cayó fue Whitelocke, se operó un rápido proceso de captación de mercancías. Primero los comerciantes avispados, después los deseosos de dinero fácil, finalmente todo el que podía juntar unos pesos, mostraron una irresistible afición por viajar a Montevideo. Allí compraban los baratísimos artículos ingleses a precio de liquidación, y volvían cargados para revenderlos en Buenos Aires con un buen pico de ganancia. Los productos británicos llenaron la capital como no lo pudieron hacer las tropas de Albión.

También en ese lapso apareció una pequeña flota inglesa con peculiar contenido. Además de 1.600 hombres de refuerzo para Whitelocke, al que ya se consideraba gobernador general del Río de la Plata, venían cantidad de familias para colonizar la reciente conquista, acompañadas de siete pastores y un obispo anglicano para evangelizar estas tierras de papistas. El dato se encuentra en la correspondencia de Santa Coloma, y demuestra definitivamente que el único propósito del Gobierno inglés, en 1806 y 1807, fue anexar el Río de la Plata a su Imperio, y convertir la región en colonia británica.

Pero como el inglés es un ser prudente que toma en cuenta la experiencia, sacaron cálculos y buscaron planes alternativos. No abandonaron de momento la idea de una conquista militar, pues necesitaban mercados; pero día a día fue tomando cuerpo y adquiriendo peso lo que el ministro Castlereaght afirmó en un memorial elevado el 1° de mayo de 1807 al Gabinete, cuando aún el general Whitelocke se hallaba camino a Montevideo. En dicho documento el sagaz Ministro se mostraba opuesto a la política de dominio militar del Río de la Plata, que sería oneroso para las armas y las arcas de Su Majestad, despertando resistencias locales. Propiciaba, en cambio, una suerte de conquista *moral*, mostrándose siempre como amigo de los hispanoamericanos, predicándoles las bondades del libre comercio, enviándoles comerciantes ingleses, y logrando de ese modo una firme salida para la estancada producción británica. Sin herir sentimientos nacionales. La clarividencia de Castlereaght sería ratificada por los hechos.

Respecto de los jefes ingleses que fracasaron frente a Buenos Aires, su suerte fue diversa. El perjuro Denis Pack –que, conforme a las normas de guerra, merecía fusilamiento sin derecho a protesta– fue perdonado por los vencedores, y tratado con la misma deferencia que el año anterior. De regreso en Europa, siguió su brillante carrera militar, hasta llegar a jefe de estado mayor del duque de Wellington en la batalla de Waterloo. El arrojado y caballeresco Craufurd también luchó contra Napoleón, cayendo en su ley: fue muerto durante un asalto a una posición francesa en España. A Popham le hicieron consejo de guerra; pero salió absuelto de culpa y cargo. Al terminar el juicio, una multitud lo aclamó con entusiasmo. Era un ídolo popular, y se lo merecía. Había hecho lo posible, y si las cosas no salieron bien, no fue por su culpa. En adelante siguió su notable carrera de marino y comerciante, plenamente lograda, antes de morir plácidamente en su lecho. Un historiador inglés contemporáneo ha lamentado que el pueblo de Buenos Aires no tuviera oportunidad de colgar a Popham en la plaza Mayor. Es una injusticia lamentable, y una prueba de la decadencia inglesa.

También Beresford pasó airoso la prueba de fuego. Salió inmaculado del proceso, y siguió cosechando honores, que culminaron con la obtención del grado de mariscal, pero no del Imperio Británico, sino del Brasil. Al que casi le fue como a John Byng, fue al general Whitelocke. Era menester un chivo emisario, y el Comandante cargó con todas las culpas en danza. Fue degradado, privado del uso de uniforme, expulsado de las fuerzas armadas, y declarado indigno de servir al rey. Sólo faltó que lo fusilaran.

Y mientras Buenos Aires ganaba el máximo galardón de su historia militar, muy lejos del río de la Plata dos hombres decidían la suerte del mundo. Precisamente al día siguiente de rendirse los ingleses, el 8 de julio de 1807, se firmó en Tilsit la paz entre Napoleón I de Francia y el zar Alejandro I de Rusia. Ambos emperadores acordaron un amistoso reparto geográfico. Bonaparte dejaba las manos libres al Zar en Oriente, a cambio de lo cual éste concedía a Napoleón plena libertad de acción en el continente europeo. Pero el acuerdo tenía doble fondo, en forma de cláusulas secretas. Por un lado, el Emperador francés deseaba borrar del mapa a Portugal, tradicional satélite de Inglaterra, que mantenía sus puertos abiertos a las mercancías británicas, pese a su orden dictada desde Berlín sobre bloqueo continental. En tanto Portugal no cediera a sus exigencias, el bloqueo sería incompleto. Y también estaba España, paso obligado hacia Portugal. Napoleón desconfiaba de Carlos IV y de todos los Borbones, y sentía marcado desprecio por el Príncipe de la Paz, el favorito Manuel Godoy, que dirigía los destinos hispanos a voluntad. Había que eliminar, pues, a los Borbones, y asegurarse a España. Lo primero ya lo había empezado a hacer al destronar a Fernando, rey de Nápoles y hermano de Carlos IV, para reemplazarlo con su propio hermano, José Bonaparte. En cuanto a lo segundo, en las cláusulas secretas del tratado de Tilsit el bondadoso zar Alejandro concedió amablemente que el Emperador hiciera lo que le viniera en gana con España y Portugal.

Decidido a ir por partes, Napoleón envió en setiembre un ultimátum junto con Carlos IV al gobierno de Lisboa, exigiendo la inmediata declaración de guerra a Inglaterra y la adhesión incondicional al bloqueo continental. El Regente y príncipe heredero de Portugal –futuro Juan VI– se sintió conmovido por la exigencia. Simuló acceder, proclamando a los cuatro vientos que adhería al bloqueo, al tiempo que comunicaba bajo cuerda a Londres que de ningún modo pensaba cumplirlo, pues sólo buscaba ganar tiempo. Los ingleses no necesitaban seguridad, pues se sabían perfectamente dueños de su satélite; pero decidieron ajustar algunos tornillos. El 22 de octubre, el Regente se entrevistó con el embajador inglés, lord Percy Clinton Sidney Smith, sexto vizconde de Strangford, eficientísimo diplomático de apenas veintisiete años de edad, entonces en los inicios de una larga y fructífera carrera que veinte años después sería premiada con el título de primer barón de Penhurst. Pues bien; ese 22 de octubre, lord Strangford impuso al Regente la firma de un convenio por el cual la Corte portuguesa, en caso de invasión francesa, aceptaba ser trasladada a las posesiones del Brasil con protección de la escuadra británica. Naturalmente, el favor tenía un precio: a cambio de la atención, Inglaterra recibiría el derecho de establecer una base en la isla de Madera, mientras que los puertos brasileños se abrirían al comercio inglés.

La verdad era que el Regente no tenía ningún deseo de abandonar a Lisboa, y firmó un poco obligado, pensando que el éxodo era una eventualidad remota. Pero los hechos se precipitaron. Cinco días después, el 27 de octubre, Francia y España firmaron el tratado de Fontainebleau, por el cual se repartían equitativamente a Portugal. En Madrid, el Príncipe de la Paz se regodeaba, pues le habían prometido una porción de la que pensaba coronarse rey. Lo cierto es que Napoleón no pensaba cumplir con Godoy, ni con Carlos IV, ni con un ápice de lo acordado. El tratado le daba excusa para introducir tropas francesas en España, que comenzaron a cruzar la frontera en buen número, derramándose sobre la Península. Iban hacia Portugal; pero el Emperador ya había decidido quedarse también con España. El 19 de noviembre, los franceses cruzaron el linde portugués, convergiendo hacia Lisboa. La resistencia que se les opuso fue más simbólica que real, constituyendo un verdadero paseo para las águilas napoleónicas. El 27, lord Strangford se presentó en la Corte, y frente al indeciso Regente planteó su exigencia en forma de ultimátum: o la familia real se embarcaba de inmediato y cumplía con lo pactado, o la escuadra inglesa surta en las aguas del Tajo iniciaría el bombardeo de Lisboa. Sin alternativas, los Braganzas cedieron y dejaron a Portugal, iniciando lo que fue una larga e infame travesía atlántica, llena de incomodidades y situaciones desagradables, en las que no faltaron los piojos, que obligaron a las atildadas damas de la Corte a cortarse los cabellos al rape.

Pisando los talones de la fugitiva familia real, entraron en Lisboa las fuerzas francesas, al mando del general Andoche Junot. Aún el muelle mostraba equipaje olvidado en la prisa de la fuga. Dicen que el Jefe napoleónico se acercó melancólicamente a orillas del Tajo, y apoyando las manos en el parapeto, impotente, vio alejarse las últimas naves que llevaban su presa.

Pero la caída de Portugal hacía más urgente para Inglaterra la necesidad de mercados extraeuropeos. Como nunca era menester abrir las puertas de Hispanoamérica, so pena de vida para el Imperio, y en los planes ocupaba destacado lugar el Río de la Plata, cuyo recuerdo abría dolorosas heridas en el alma británica. Precisamente, en Irlanda se encontraba el áspero general sir Arthur Wellesley –al que la historia recordaría como duque de Wellington– preparando tropas para una invasión al Plata, que se consideraba definitiva. Pero algunas cosas habían cambiado. Los informes de Beresford, Popham y Whitelocke se habían tenido en cuenta. Ya los ingleses no pretendían anexar nada. Se conformaban con la independencia de las colonias españolas bajo su control, o a lo sumo un protectorado. Estaban dispuestos a aceptar la identidad política, pero a cambio de la sumisión económica, siempre menos visible y urticante. No habría *Union Jack* sobre el Fuerte de Buenos Aires; pero sí, plena libertad de comercio, que asegurara un firme mercado a Inglaterra. Fecha de la invasión *libertadora:* setiembre de 1808.

Capítulo III

El virrey Liniers

El gobernante

El 12 de febrero de 1808, don Martín de Álzaga, alcalde de primer voto, informaba gravemente al Cabildo porteño que la familia real portuguesa había llegado a Río de Janeiro. Mala noticia, de alcances difíciles de prever. España estaba en guerra con Portugal, y en cuanto a Buenos Aires, se encontraba con que a la persistente amenaza inglesa se sumaba la lusitana; y para colmo, ambos enemigos eran aliados. Sobraban motivos de preocupación, pues las colonias portuguesas del Brasil eran las ancestrales rivales del Río de la Plata, con las que eternamente tenían cuentas pendientes que saldar. En consecuencia, era de prever un ataque conjunto lusobritánico.

En tales circunstancias, resultaba flaco consuelo la noticia que llegó al día siguiente, 13 de febrero, según la cual el rey Carlos IV premiaba magnánimamente a Buenos Aires por su defensa con el derecho de agregar a su título de *muy noble y muy leal ciudad,* que ya tenía, el de *Excelencia,* otorgando el tratamiento de *señoría* a los cabildantes, y ascendiendo a Liniers al grado de mariscal de campo, además de confirmarlo como virrey interino. En un momento en que el Virreinato se veía amenazado como nunca, Su Majestad Católica derramaba títulos honoríficos por única ayuda.

En Río de Janeiro, el ministro Rodrigo Domingo Antonio

de Souza Coutinho Texeira de Andrada –luego, conde de Linhares–, tal vez influido por el ambiente tropical, forjaba planes en gran escala. El hombre, que andaba por la cincuentena, estaba resuelto a compensar la pérdida de Portugal creando un formidable imperio, mediante el sencillo procedimiento de unir en un solo bloque las colonias hispanas y lusitanas bajo la corona de los Braganzas, y en adelante supeditó sus acciones a ese magno propósito. Los primeros pasos se destacaron por su torpeza. A mediados de marzo, sabiendo que estaba de paso por Río de Janeiro el conde Enrique de Liniers, hermano mayor del Virrey, lo mandó llamar y le explayó sus sueños imperiales, extendiéndose acerca de las bondades de un gobierno continental de los Braganzas. El Conde mostró escaso entusiasmo, manifestando que veía muy poco viable la idea. De todas maneras, Souza Coutinho había abierto la puerta, y además aprovechó para sugerir la conveniencia de un acuerdo comercial entre el Brasil y el Río de la Plata.

El segundo movimiento de Souza Coutinho fue francamente equivocado. El 22 de abril, el Cabildo porteño recibió una nota que se parecía mucho a un ultimátum: el Ministro proponía, de manera imperiosa, que el Virreinato aceptara el protectorado portugués, so pena de serle impuesto por la fuerza. Indudablemente, el hombre no tuvo en cuenta la reciente experiencia de los destinatarios. ¡Asustar a los que acababan de vencer en dos oportunidades a los británicos! La altiva respuesta del Cabildo no dejó lugar a dudas: si los portugueses se creían capaces de poder dominar a Buenos Aires, no tenían más que intentarlo.

Al mismo tiempo, el Cabildo supo que de Río de Janeiro se enviaba como emisario al brigadier Joaquín Javier Curado. Se resolvió que no debía llegar a Buenos Aíres, y Álzaga fue comisionado para que le saliera al encuentro en Montevideo. Allá fue el Alcalde, y esperó algunos días en vano, pues el emisario no llegó. En el intervalo, tuvo varias entrevistas con el gobernador Elío, con vistas a la que se consideraba inminente guerra con los portugueses. Álzaga; que llevaba planes militares acordados con Liniers, propuso no esperar los acontecimientos y pasar a la ofensiva, invadiendo a Río Grande do Sul. Pero la llegada al Brasil de fuerzas británicas que indudablemente apoyarían a los lusitanos, convenció a Elío de que el momento no era propicio. Se limitó a reforzar las guarniciones fronterizas.

Tampoco en Buenos Aires las cosas marchaban bien, y se precipitaban hacia una ruptura entre los elementos que hicieran posible la Reconquista y la Defensa. Don Santiago de Liniers, que tras de llevar más de medio siglo de vida en decorosa oscuridad, perdido en un cumplido anonimato, se vio proyectado a los más altos cargos, convertido en héroe popular, no pudo resistir el impacto de la suerte. Se le subió el Virreinato a la cabeza, olvidó lo que debía a la casualidad y a los demás, y creyó muy en serio que todo era mérito de su propio genio. Una de las primeras manifestaciones de tal estado de ánimo fue ostentar su vida privada de manera altamente vistosa. Hacía tiempo que tenía por amante a Ana Perichon de Vandeuil, pero dentro de un plano de recato tácitamente aceptado por todos. Ya virrey, desplegó públicamente sus amores, provocando una inmediata resistencia. Y no por razones puramente morales. Si él gozaba de enorme popularidad, Anita era sólidamente impopular por su arrogancia, siendo despectivamente llamada *La Perichona*. También Anita explotó demasiado ostentosamente su condición de virreina interina, y se convirtió en protectora y hada madrina de grandes contrabandistas, que gracias a su intercesión –y previo pago de comisión– cumplían sus operaciones en paz y seguridad. Con tales ingresos, la querida del Virrey hizo gala de inusitada prosperidad económica, gastando fuertes sumas en fiestas, telas y adornos, que dieron bastante que hablar a los porteños de entonces. Para redondear, la hermosa Perichona servía también, en ratos de ocio, como espía de los ingleses, y al respecto se le atribuye activa participación en la falsa capitulación acordada a Beresford, y en la posterior fuga de sir William Carr con Denis Pack. Pero fueron los desbarros administrativos de Liniers y la franca posición de protectora del contrabando de Anita los que pronto provocaron un distanciamiento irreversible entre el Virrey y el alcalde de primer voto, Martín de Álzaga.

Por otra parte, la confirmación de su cargo como virrey interino por la Corte española fue una amarga decepción para Liniers. Había esperado ser elevado a la categoría de titular, y en adelante quedó convencido de la ingratitud real. El 16 de mayo de 1808 juró el cargo con amargura y desengaño. Como gobernante, Liniers mostró muchas facetas discutibles. Tenía franca proclividad a acomodar a los amigos en cargos importantes, con total prescindencia de capacidades, y una vez colocados, los dejaba hacer sin preocuparse de los manejos de fondos. Pronto, el Virrey –hombre honesto que no ganó un cobre en la demanda– se encontró presidiendo una cadena de negociados y enjuagues económicos de todo tipo, que colocaron el tesoro público al borde del derrumbe. Ya de por sí la situación económica era lamentable. Cortadas las comunicaciones con España a causa de la guerra con Inglaterra, el comercio legal había caído a poco más de cero, disminuyendo catastróficamente las entradas por derechos de aduana, que constituían una de las principales fuentes de recursos del erario. Ello en un momento en que los gastos se iban por las nubes. El levantar y mantener un ejército de

8.000 hombres para la defensa del Río de la Plata significaba una carga económica que hacia crujir todos los presupuestos. Y el dinero mostraba una angustiosa tendencia a la desaparición. Para colmo de males, el regente Juan, a fines de enero, había abierto los puertos brasileños al comercio extranjero, o sea al inglés, que era el único visible. Brasil se llenó de mercancías británicas que comenzaron a desbordar hacia el río de la Plata, gracias al contrabando. Era tan abierto y público, que una cantidad de ingleses se establecieron en Buenos Aires para introducir ilegalmente y a plena luz sus manufacturas, a vista y paciencia del Virrey, o a lo sumo con la protección de Anita. Aunque en justicia debe señalarse que la radicación de comerciantes británicos en el Plata comenzó en tiempo de Sobre Monte, si bien en forma más velada.

Esos productos, que entraban en cantidad creciente, no sólo arruinaban la artesanía local, sino que, al no pagar ningún derecho o impuesto, deterioraban la ya agónica situación económica del Virreinato. Liniers no tardó en verse enfrentado con un gigantesco déficit, un enorme barril sin fondo que no sabía cómo llenar. Comenzó por pedir al Cabildo un préstamo de 200.000 pesos, que le fue acordado con la admonición de que debía ordenar las finanzas. Al Virrey lo preocupaba mantener al día la paga de las tropas. Sabía que su gobierno y su popularidad descansaban sobre las bayonetas de la Defensa, y no quería tener problemas por ese lado. Pero como la penuria siguió viento en popa, convocó a una reunión de los altos organismos porteños, para hallar una salida. Hubo dos propuestas: por un lado, la emisión de un empréstito forzoso, que recibió, por supuesto, el nombre de *patriótico*. El Cabildo, con Álzaga al frente, se negó a tal procedimiento, y aconsejó un impuesto al comercio, y rebajar los sueldos a los empleados administrativos y a los militares. Naturalmente, Liniers eligió el primer sistema y desechó el segundo, con lo que se alzó la unánime gritería de hacendados y grandes comerciantes –víctimas del empréstito patriótico–, y se ahondó más la diferencia con Álzaga y el Cabildo.

Alzamiento en España

En la Península, los primeros meses de 1808 se destacaron por el creciente malestar popular ante las fuerzas napoleónicas, que no daban muestras de querer volver a casa. El ejército francés mantenía una ocupación formal del territorio, generando un descontento que no tardó en llegar a la Corte. Un poco demasiado tarde, Godoy comprendió que había caído en una trampa, y que era inminente un golpe de mano del Emperador. Urdió entonces un plan por el cual, a imitación de los Braganzas, huiría la familia real a América, tras denunciar su alianza con Francia. Al parecer, Carlos IV se mostró de acuerdo; pero las cosas se desviaron cuando hubo que apalabrar al príncipe heredero, Fernando, que odiaba cordialmente a Godoy. Los Reyes pasaban una temporada en sus posesiones de Aranjuez, y Fernando se encargó de que corriera la voz sobre la intención del Príncipe de la Paz de sacar la Corte de España. El 17 de marzo estalló la ira popular en espontánea rebelión, de largas consecuencias. Godoy fue destituido y apresado, salvando por poco la vida. Dos días después, arrastrado por los acontecimientos, el débil Carlos IV abdicó, y fue proclamado en medio del delirio general el Príncipe de Asturias como Fernando VII.

La situación tomó de sorpresa a Napoleón, que de ningún modo estaba dispuesto a aceptar las cosas tal como se presentaban. Para colmo, el 21 de marzo Carlos IV escribió una lastimera carta al Emperador para solicitar ayuda, en la que afirmaba contra la verdad que su abdicación había sido forzada. No necesitaba más el Emperador. Como primera medida desconoció a Fernando VII, ordenó a Joaquín Murat que ocupara a Madrid con el título de lugarteniente general del Reino, y convocó a la desavenida familia real española en Bayona. Estaba resuelto a terminar de una vez con los problemas españoles, sacando del medio a los Borbones.

Necesitaba un monarca seguro en la Península, por lo cual ofreció la corona española a su hermano Luis, entonces rey de Holanda, quien no quiso saber nada del asunto. Entonces mandó llamar a otro hermano, José, rey de Nápoles, que si bien no mostró ningún entusiasmo por el regalo, se puso en camino hacia Bayona.

Más allá de la tragicomedia de testas coronadas que se desarrollaba manteniéndolo al margen, el pueblo español había llegado a un peligroso estado de tensión. No se lo había tenido en cuenta para nada, no soportaba ya la ocupación de su tierra por tropas francesas, y para colmo veía en peligro a su amado monarca Fernando, el *Deseado.* La tensión llegó a punto de ruptura el 2 de mayo de 1808 con el violento estallido popular de Madrid, alzado en armas contra el invasor. La represión francesa fue durísima, implacable, y aunque llegó a dominar la situación, su proceder sirvió de detonante y grito de rebelión para toda la Península.

Sin contacto con el pueblo español, los Borbones mantenían una triste disputa frente a Bonaparte. El 5 de mayo, tres días después del heroico alzamiento de Madrid, se desarrolló en todo su bajo esplendor el negociado de Bayona, una de las más lamentables estafas que recuerda la historia. Fernando VII abdicó, pasando la corona a su padre Carlos IV. Éste la trasladó a su vez a Napoleón, quien se la pasó a su hermano José. Tras lo cual, Fernando y Carlos fueron internados en Francia como prisioneros. El 7 de mayo el ex Rey de Nápoles aceptó, a disgusto, el trono madrileño, y se convirtió en José I de España. Ello mientras la rebelión se extendía por toda la Península en marea incontenible.

Fue una rebelión bien a la española, hecha contra toda posibilidad y fuera de todo cálculo previo. España estaba ocupada por el más poderoso ejército de Europa, jamás vencido en campo de batalla alguno, con la mejor organización militar y los más notables generales de la época. Pensar en alzarse contra la poderosa maquinaria era un suicidio cabal; pensar derrotarla, un absurdo que sólo cabía en caletres españoles. Espontáneamente el absurdo salió al paso, y doce millones de Quijotes se alzaron al unísono contra las invencibles águilas napoleónicas. El primero fue el anciano y dignísimo Andrés Torrejón, alcalde de una minúscula aldea, Móstoles. Al tiempo de la represión de Madrid, este español cabal se levantó en nombre de la patria declarando por su cuenta la guerra a Napoleón Bonaparte, el hombre más poderoso de la Tierra. Emitió una escueta e histórica proclama:

"La Patria está en peligro. Madrid perece víctima de la perfidia francesa. Españoles, acudid a salvarla."

Palabras que corrieron por aldeas y ciudades, levantando a su paso a las masas. El incendio se expandió incontenible, rechazando al rey José. El 23 de mayo se alzó Valencia; el 24, Oviedo estalló en rebelión, y arrastró consigo a Asturias entera. El 26 acudieron al llamado Santander y Sevilla; el 28, Cádiz, y el 30, Granada y Badajoz. Preso el rey Fernando, la soberanía volvía al pueblo, que la reasumía en defensa de la patria. Por doquier se formaron juntas, con un solo grito de orden: guerra al francés, nada de Bonapartes en España. Se enviaron emisarios a Inglaterra recabando ayuda, que fueron recibidos en Londres con los brazos abiertos por el ministro George Canning. El 4 de julio, Gran Bretaña dio por terminado el estado de guerra con España, enviando fuerzas hacia la inesperada cabeza de puente continental que les obsequiaba el Emperador.

Napoleón no otorgó importancia al alzamiento. Era cuestión de carácter policial. Ese populacho mal armado, indisciplinado y vocinglero, no podría nada contra sus legiones, que habían vencido a los más poderosos ejércitos de Europa y no conocían el sabor de la derrota. Para la represión del sur de la Península fue designado el general Dupont de l'Etang, uno de los jefes más brillantes de las fuerzas francesas. En plena marcha hacia el objetivo, los franceses encontraron al ejército del general Javier Castaños. Era el 19 de julio de 1808, y el lugar, Bailén. Se luchó con inaudita ferocidad y arrojo. Una y otra vez, las aguerridas fuerzas napoleónicas se estrellaron contra el muro de tropas de Teodoro Reding, en una carnicería espantosa desarrollada bajo un sol de fuego. La desesperación de los franceses, que por primera vez veían la cara del fracaso, no pudo prevalecer contra el arrojo español. Vencido, el general Dupont debió rendirse al frente de 20.000 hombres.

El desastre fue espectacular. José I abandonó a Madrid precipitadamente, a los diez días de haber llegado, tomando el camino de los Pirineos. Los franceses iniciaron una retirada hasta más allá del Ebro. Dupont fue degradado, y se dice que Napoleón lloró amargamente al saber la derrota. Razones no le faltaban. En Bailén los españoles habían hecho trizas el mito de su invencibilidad.

Liniers y Napoleón

Antes de cumplirse el año del segundo rechazo de los ingleses, las cosas se habían trastrocado sensiblemente en el Río de la Plata. Sólo quedaba el recuerdo heroico de la Reconquista y la Defensa; pero más allá del plano militar se había completado una tercera invasión, sin cañones ni estandartes, por medio de una profunda penetración del comercio inglés –ilegal–, favorecido por la casi total falta de comunicaciones con España. Se vieron cosas increíbles.

Así, Francisco Javier de Elío, el bravo defensor, asistió como gobernador de Montevideo, rodeado por todos sus oficiales, al banquete con que el 5 de junio los comerciantes ingleses celebraron el cumpleaños de Jorge III; y poco después, Gaspar de Santa Coloma escribiría:

"Considere vuestra merced esta plaza como una colonia inglesa en donde con el descaro del mundo, sin contribuir al menor derecho, echan en tierra sus cargamentos a la hora que se les antoja recibiendo igualmente a su bordo a cuanto produce el país con total ruina de nuestro triste comercio."

Y también seguía latente el peligro portugués. El 2 de junio, el Virrey informó al Cabildo acerca de las conversaciones que tuviera su hermano, el conde de Liniers, con Souza Coutinho, y agregó que se proponía enviar un embajador para tratar en Río. El Cabildo, con Álzaga al frente, se opuso a tales propósitos. Consideraba que el Virrey no estaba facultado para tratar con un Gobierno enemigo, en guerra con España, y ponía en tela de juicio que las autoridades virreinales pudieran mandar embajadores ante cortes extranjeras. Liniers, ofendido, contestó airadamente, iniciándose una polémica entre ambos cuerpos. Ninguno cedió un ápice, y al cabo el embajador no se mandó; pero el episodio señaló el definitivo distanciamiento entre Álzaga y Liniers.

El 15 de junio de 1808 llegó por fin el brigadier Curado a Montevideo. Según lo convenido con Álzaga, Elío no lo dejó seguir a Buenos Aires, pese a sus protestas. Traía una interesante propuesta de Souza Coutinho: que el Virreinato cediera a los portugueses la Banda Oriental, para defenderla de una invasión francesa. La verdad era que el Ministro portugués temía que una tercera invasión inglesa le arrebatara la anhelada presa. Y en Río de Janeiro sentían verdadero pánico ante la posibilidad de una Banda Oriental británica. Curado permaneció en Montevideo varios meses sin que se lo tuviera en cuenta, ni se le permitiera continuar viaje. Al cabo se enojó, y se fue de un portazo.

En cuanto a Liniers, seguía insistiendo en su permanente desubicación. Mordiendo el desencanto de no ser virrey titular; afectado por la personalidad de Álzaga, que le impedía sentirse amo absoluto; descontento de todo, recordó que era francés y compatriota de Napoleón I. El 20 de julio –al día siguiente de Bailén– mojó la pluma y escribió una larga y meliflua carta al Emperador, contándole sus hazañas como si fuera virrey francés en el Plata. Le narraba los detalles de la Reconquista y la Defensa con cierta proclividad a borrar méritos ajenos. Con arreglo a su informe, él solo había contenido y derrotado a los británicos. No hubo en Buenos Aires más héroe que él, y la victoria se logró con el auxilio de los franceses, que lucharon por encima de españoles y criollos. Prescindía del ligero detalle de haber sido corrido por los ingleses en los Corrales de Miserere, presentando un rosado cuadro de triunfos donde no había lugar para derrotas. En una palabra, Napoleón tenía un émulo en el Plata. La adulación alcanzaba alturas lamentables, en un evidente esfuerzo para lograr que el Emperador lo hiciera nombrar virrey titular. Selló la peligrosa misiva que lo colocaba al borde de la traición, y la envió a destino. Antes de llegar a las augustas manos de Bonaparte, ya el servicio de espionaje inglés contaba con una copia textual.

El 29 de julio llegó a Buenos Aires la noticia de la abdicación de Carlos IV, y de la proclamación de Fernando VII. Se decidió jurarlo el 12 de agosto –aniversario de la Reconquista–; pero inmediatamente se supo, de manera extraoficial, que Carlos IV protestaba su abdicación, y que Napoleón había nombrado a Murat lugarteniente general del Reino. Apresuradamente, Liniers decidió suspender la jura, a la espera de los acontecimientos, y al parecer bastante contento de lo que ocurría en España. Siempre en el error y la desubicación, comunicó a Elío sus propósitos, explayándose en su creencia de que Napoleón era el árbitro de la Península, siendo prudente, en consecuencia, esperar. Elío no era indudablemente una inteligencia brillante, y tenía marcada tendencia a la fanfarronería; pero poseía una escala de valores y lealtades inconmovible. Ardió de indignación al leer la carta del Virrey, y le contestó con pocos miramientos. Fernando era el único rey de España, y en Montevideo sería jurado en la fecha prevista.

La misión de Sassenay

Así las cosas, el 10 de agosto llegó a Maldonado una fragata francesa. A su bordo venía el marqués Claude Bernard Henri Sassenay, como enviado especial del emperador Napoleón I ante Santiago de Liniers, que al aparecer el singular visitante, vio sus acciones en vertiginosa baja. Otro acceso de furia de Elío, que ya sospechaba abiertamente del Virrey. ¿Qué estaría tramando este francés con el amo de los franceses? Con todo gusto hubiera metido a Sassenay en una mazmorra; pero, conteniéndose a regañadientes, lo dejó seguir para Buenos Aires con el hijo del virrey, Luis Liniers, que salió a recibir al emisario, y el sabio consejo para don Santiago de que no olvidara que, siendo francés, resultaba sospechoso, y que en consecuencia no recibiera en privado al Marqués.

Sassenay era viejo conocido de Liniers, con el que se había relacionado en Buenos Aires ocho años atrás. Hacía tiempo que el Marqués vivía retirado en sus posesiones, sin pensar en guerras ni en política, cuando un día fue arrancado de la paz cotidiana por un perentorio llamado del Emperador. Allá fue el buen hombre, y al hallarse ante Napoleón, el corso se limitó a preguntarle si conocía a Santiago de Liniers. Ante la respuesta afirmativa, le comunicó que debía partir en el acto para Buenos Aires con instrucciones precisas. Le dio veinticuatro horas para ponerse en camino, y el prudente consejo de que antes hiciera testamento. Así fue como el apabullado Marqués se halló de nuevo en Buenos Aires, con instrucciones de lograr que Liniers y el Virreinato juraran al rey José I.

Indudablemente conturbado por la comprometedora visita, Liniers tuvo la prudencia de hacer caso a Elío. Recibió al emisario heladamente, con todo protocolo, rodeado por la Audiencia y el Cabildo. Un poco asombrado por la gélida recepción del amigo, Sassenay informó de su misión, y presentó los pliegos que traía de parte del Emperador. Le hicieron dejar los papeles sobre la mesa, y le ordenaron que se retirara mientras ellos los estudiaban. Sassenay salió a esperar, mientras los otros deliberaban a puertas cerradas. El acuerdo fue rápido y unánime: se rechazaba toda negociación, se metía al Marqués en un barco y se lo mandaba de vuelta a Francia. Así se le comunicó; pero co-

mo en esos momentos la ciudad era azotada por un fuerte ven-
daval, se le acordó plazo para esperar buen tiempo.

Entonces Liniers volvió a fallar. Alojó a Sassenay en el Fuerte, a su lado, lo cual era inconveniente. No sólo eso, sino que,
olvidando las advertencias de Elío, lo recibió en privado, y eso
estaba francamente mal. Después, Sassenay informaría sobre la
conversación. Al encontrarse a solas con el viejo amigo, don
Santiago volvió a ser el de antes, sin estiramiento ni posturas
protocolares. Para empezar, se disculpó por el trato que debió
darle, obligado por las circunstancias. Después se explayó am-
pliamente, mostrando sus llagas: estaba profundamente disgustado por haber sido nombrado virrey interino, cuando le sobraban méritos y condiciones para serlo titular. Era el colmo de la
ingratitud para tan leal servidor. Después expuso su incondicional admiración por el emperador Napoleón, y su esperanza de
que la dinastía Bonaparte se estableciera en España. Naturalmente, en tal caso, él, como francés, sería un candidato imbati-
ble para virrey titular. Para terminar, pidió a Sassenay que ges-
tionara desde Francia el envío de armas y hombres en su apoyo.
El vencedor de los ingleses abría la puerta a los franceses. El oscuro marino de un par de años atrás se había trocado en un en-
soberbecido funcionario que no titubeaba en caer en la traición,
para satisfacer sus ambiciones de advenedizo.

Al día siguiente, todo el mundo sabía que Liniers se había
entrevistado con el Marqués a solas, provocando el lógico de-
terioro del Virrey, que indudablemente no era un maestro en
sutilezas. Lo siguió demostrando cuando el 15 de agosto emitió un sorprendente manifiesto sobre la situación española. Al
anunciar que Fernando VII sería jurado el día 21, dejó brotar
su alma bonapartista señalando que la familia real se hallaba presa en Francia, vale decir que se iba a jurar a un monarca fantas-

ma, y recordaba que Napoleón I había prometido respetar la independencia española, como si ello fuera suficiente para perdonarle el atropello de España. Destacaba que se reunirían las Cortes para decidir sobre la suerte del Reino, y terminaba proponiendo que el Río de la Plata se declarara neutral en los conflictos dinásticos, quedando todos en paz a la espera de lo que ocurriera en la Península. Al respecto recordaba la Guerra de Sucesión, cuando los Borbones reemplazaron a los Austrias en el trono español, y concluía:

"Sigamos el ejemplo de nuestros antepasados en este dichoso suelo, que sabiamente supieron evitar los desastres que afligieron a España en la guerra de Sucesión, esperando la suerte de la metrópoli para obedecer a la autoridad que ocupe la Soberanía."

Era jugar a la carta ganadora, pues descontaba el triunfo de Napoleón. Incluso a Liniers se le fue la mano hasta en los detalles: la fecha de emisión del manifiesto era el 15 de agosto, que por feliz casualidad era también el día del Emperador de los franceses.

Lo único que ganó el Virrey fue acentuar las diferencias que lo separaban de los otros poderes. Siete días después, tras la jura a Fernando, le contestó el Cabildo porteño en términos calcinantes: *"Habéis jurado un rey... No se reconocerán relaciones distintas a las que os unen a su persona."* Y pasara lo que pasara en España, no se aceptaría otra dinastía que no fuera la legítima de los Borbones..., con lo cual se abría un ancho cauce de posibilidades, pues con ello se asentaba la decisión de no correr la suerte de España, en caso de caer en manos de Bonaparte. Quedaba establecida de ese modo, por el Cabildo porteño, la tesis de que, desaparecido el rey, América reasumía su soberanía, tesis que llevaría directamente a la Independencia. Es muy posible, como señala Vicente Sierra, que el redactor de la nota fuera Mariano Moreno, asesor del Cabildo.

Del otro lado del río, la reacción de Elío estuvo de acuerdo con su carácter detonante. Le mandó una carta a Liniers rechazando su postura, tratándolo sin la menor consideración y llegando a decir nada menos que *yo declararía la guerra a la España misma,* caso de doblegarse a Napoleón, agregando amenazadoramente: *como a toda provincia o individuo.* A partir de ese momento quedaron rotas las relaciones entre el Gobernador de Montevideo y el Virrey de Buenos Aires.

Rebelión en Montevideo.

El 19 de agosto de 1808 fue un día de variadas vivencias en el Río de la Plata. Llegó a Montevideo de vuelta a Francia, el marqués de Sassenay, tras su frustrada misión. El iracundo Elío no perdió tiempo: lo mandó arrestar, y lo arrojó en prisión. Tenía un propósito entre ceja y ceja: saber de qué había hablado con Liniers, y alentaba la sólida sospecha de que el emisario era portador de un mensaje del Virrey al Emperador. Lamentando no poder colgarlo, Elío mantuvo diez meses preso al pobre Marqués. Al cabo, éste logró escapar. Elío le volvió a echar el guante, lo mandó engrillar, y finalmente lo despachó a Cádiz para ser juzgado. Allí, después de mil vicisitudes, la casualidad lo dejó en libertad, volviendo a casa hecho una piltrafa física y moral. Es de creer que ya no volvió a salir más de sus tranquilas posesiones.

También el 19 de agosto llegó a Montevideo el arequipeño José Manuel de Goyeneche y Barreda, con la noticia del alzamiento de la Península contra Napoleón y José I. Decía representar a la Junta Suprema de Sevilla recientemente establecida, omitiendo el ligero detalle de que esa Junta sólo era suprema en el lugar que gobernaba, como cualquiera de las que abundaban en España. También afirmó tener instrucciones de formar juntas en América, para declarar la guerra a Francia. Este hombre, de poco más de treinta años, era un magnífico modelo de trepador, aventurero de antesalas e intrigas, siempre atento para detectar el partido ganador. Había formado parte del grupo de adulones que zumbaban en torno al Príncipe de la Paz, y Godoy lo había premiado mandándolo a estudiar táctica y estrategia, con lo cual paseó confortablemente por toda Europa, gratuitamente. Después de Aranjuez se olvidó del favorito, pasándose a los afrancesados de José I. Medró en los círculos íntimos de Joaquín Murat, y logró ser designado para una misión en América. Pero los furiosos vientos antibonapartistas que sacudieron la Península, lo convencieron de lo poco saludable de tal actitud. Con el alzamiento español se pasó a Fernando VII, siendo acogido por la Junta de Sevilla, que lo ascendió por ignorados méritos al grado de brigadier de los reales ejércitos en vertiginosa carrera, ya que sólo era capitán de milicias. Y tras el ascenso lo fletaron a América, donde comenzó a trepar este americano aventurero que llegaría a Grande de España.

En Montevideo mantuvo con Elío conversaciones muy poco favorables a Liniers. Hablaron de la necesidad de establecer juntas y deponer al Virrey. Pasó a Buenos Aires, se reunió con el Cabildo, y lo convenció de declarar la guerra a Francia; pero no dijo una palabra de juntas, y habló mal de Elío. Liniers, comprendiendo que el tiro iba dirigido por elevación contra su persona, se apresuró a declarar la guerra a Napoleón el 1° de setiembre, llamando *monstruo y tirano* al mismo que adulara días atrás, y el 9 reconoció oficialmente a la Junta de Sevilla. Por suerte, no llegó a ser jurada, evitándose el papelón de aceptar como máxima autoridad de la Península a un organismo local. No conforme con ello, y como muestra de lealtad, el Virrey ofreció embarcar el cuerpo de Patricios para que fuera a pelear a España.

Pero su actitud apenas le permitió ganar puntos. Había sido hasta entonces tan bonapartista, que inevitablemente pasaba a ser el primer sospechoso, al entrar España en guerra con Francia. El 2 de setiembre, Elío mandaba al Cabildo porteño y a la Audiencia, pliegos con carácter reservado, en los que pedía nada menos que la deposición de Liniers por traidor. Ni la Audiencia ni el Cabildo estuvieron de acuerdo. Consideraban que las cosas no eran para tanto, y en todo caso, prematuro. Pero el hecho trascendió, y Liniers se enteró de lo que tramaba Elío. En el primer momento quiso marchar con todas las fuerzas armadas contra Montevideo; pero luego mandó llamar al Gobernador, para que se explicara. Elío le contestó que no tenía nada que ir a hacer a Buenos Aires, y se negó a moverse. Era un acto de insubordinación que se debía castigar. Liniers reunió a la Audiencia y al Cabildo, planteó los hechos, y luego, por cuenta propia, destituyó a Elío, y nombró en su lugar al brigadier Juan Angel Michelena.

El 20 de setiembre, Michelena entró en Montevideo solo y sin escolta. Fue una imprudencia. Cuando quiso hacerse cargo del mando, tuvo un violento altercado con Elío, que terminó a puñetazos. Maltrecho y golpeado, Michelena no halló una sola persona dispuesta a respaldar su autoridad. Al contrario, al correr la noticia estalló una sublevación popular en apoyo del Gobernador, y el enviado del Virrey debió salir disparando para salvar el pellejo. De inmediato se llamó a Cabildo Abierto en Montevideo, donde se resolvió *obedecer, pero no cumplir* la orden del Virrey, impagable fórmula que permitía desconocer a Liniers manteniéndose dentro de la legalidad. Luego se estableció una junta de gobierno presidida por Francisco Javier de Elío. La primera Junta había surgido en el Río de la Plata.

En verdad, la escisión era el coronamiento de un largo proceso. Desde la fundación de Montevideo, se había establecido una franca rivalidad con Buenos Aires, que por momentos alcanzó ribetes de real inquina. Una de las fallas que se puede achacar a la administración española fue el no haber creado en el Río de la Plata un sistema más funcional del que se estableció espontáneamente, con fuertes tonos localistas, que privaron sobre los intereses generales. Buenos Aires y Montevideo no tenían por qué ser rivales, siendo como eran perfectamente complementarios. Las aguas profundas de la costa oriental hacían de Montevideo el puerto obligado del Virreinato, mientras que Buenos Aires era la puerta natural del enorme interior continental. Montevideo era la ciudad marítima por excelencia, pero sin *hinterland* propio, mientras que Buenos Aires, antesala y corredor de una extensa geografía, carecía de puerto digno de ese nombre, debiendo los barcos acercarse trabajosamente para anclar lejos de la costa, playa y de escasa profundidad. La naturaleza imponía el complemento lógico entre ambas ciudades. En cambio, privó la competencia y reinaron los resquemores. Por un lado, Buenos Aires se negó a ceder un ápice de sus privilegios, manteniendo un cerrado monopolio, tendiente a absorber e inspeccionar todo el comercio del Virreinato. A su vez, Montevideo tampoco buscó complemento alguno, sino que pretendió desplazar a Buenos Aires, y reemplazarla como principal centro económico.

Hacía tiempo que Montevideo pedía consulado propio para controlar su comercio, lo que era racional. Ya lo eran menos las ambiciones de segregarse por completo de la tutoría porteña, buscando que la Banda Oriental se erigiera en capitanía general, apartada del Virreinato. También los orientales soñaban con obispado y Audiencia propia.

Las invasiones inglesas agudizaron la desinteligencia. En 1806, Montevideo reclamó para sí los méritos de la Reconquista fuera de toda justicia, generando una larga polémica que sólo sirvió para envenenar los ánimos. En 1807, durante la ocupación británica, Montevideo pudo degustar al fin el sueño de la plena separación. Por un tiempo, bajo administración inglesa, fue dueña y señora del Río de la Plata. La libertad de comercio que trajo el invasor, procuró una franca prosperidad, cuyo recuerdo no se borraría de los orientales. Y es cierto que la mayoría de los montevideanos vivieron confortablemente bajo la ocupación.

La devolución de la Banda Oriental, impuesta por Álzaga, permitió reverdecer todos los viejos problemas. El Cabildo de Montevideo y el de Buenos Aires mandaron sendos apoderados a España, para entablar una pequeña guerra civil de papeles en la Corte, disputándose méritos y exponiendo agravios. La ruptura de Elío con Liniers dio oportunidad a los orientales de volver a ser dueños de su destino.

Apoyaron briosamente al Gobernador, y otra vez Montevideo se segregó de Buenos Aires. En adelante, la grieta no volvería a llenarse. Los primeros veinte años de vida independiente estarían signados por la total desinteligencia en ambos lados del Plata, y acabarían facilitando los planes británicos de lord Ponsonby, y la total independencia de la República Oriental del Uruguay.

Capítulo IV

La princesa Carlota

Una nueva conciencia

Los acontecimientos europeos que sucedieron al estallido de la guerra entre España e Inglaterra en 1804, provocaron un resquebrajamiento irreversible del imponente Imperio Español. El gobierno de Carlos IV, en manos del favorito Godoy, habría de ser funesto para el mantenimiento de una cohesión cada día más difícil de sostener, en razón de la enorme extensión geográfica de las posesiones hispanas y la pérdida del dominio de los mares, que dejó aisladas las distintas partes del Imperio. El manejo de las relaciones exteriores desde Madrid se llevó a cabo con total olvido de esas premisas y de espaldas a América, que quedó librada a su suerte. La guerra con Inglaterra significaba un golpe aplastante para las relaciones comerciales entre la Metrópoli y las colonias, dejando a éstas libradas a sus fuerzas, sin posibilidad de recibir ayuda militar de la Península.

Quedó comprobado cuando los ingleses dominaron por un año entero en el Río de la Plata, ocupando a Montevideo y efectuando dos tentativas fallidas contra Buenos Aires. Los mandos virreinales y las tropas veteranas fracasaron lamentablemente, y los vecinos debieron asumir su propia defensa. Con esa base no titubearon en suspender y luego destituir a un virrey, tomando en sus manos el poder político y el militar. El triunfo sobre los británicos tendría a su vez consecuencias decisivas. No porque éstos insuflaran ideas liberales o de independencia, dato absolutamente falso, ya que Beresford y Whitelocke vinieron a colonizar, no a liberar, siendo además muy intenso el sentimiento antibritánico que engendraron las invasiones, como para que florecieran deseos de emulación en la población americana. La acción que, sin proponérselo, tuvieron las invasiones inglesas, fue provocar una poderosa sensación de autosuficiencia, una orgullosa conciencia de las propias capacidades y, por supuesto, una sólida afirmación de la personalidad política rioplatense. España no había podido hacer nada por su colonia, y si el Río de la Plata seguía siendo español, la hazaña se debía al propio Río de la Plata.

Cabe destacar, sin embargo, que el elemento humano que logró esa meta, estaba compuesto de españoles en su gran mayoría. Pero españoles de larga residencia en el país, definitivamente asentados, sin planes ni idea de regreso; vale decir, irreversiblemente integrados con el medio americano.

Quien organizó la Resistencia y preparó la Reconquista, quien fue artífice de la Defensa, quien depuso y apresó a un virrey, fue el Cabildo de Buenos Aires, integrado por peninsulares y dirigido por la firme mano del vasco Martín de Álzaga. Contaron con el pleno apoyo de los criollos, y dieron origen a ese sentimiento autoafirmativo que a poco se extendería por el Virreinato.

Por lo demás, los amagos de independencia del Cabildo también reconocían un hondo trasfondo español, profundamente tradicional en el alma de la Península, basada en los derechos forales y en las viejas libertades municipales que, tras permanecer ocultas durante un siglo bajo el absolutismo de los Borbones, afloraban incontenibles por las fisuras de la decadente casa real. En las actitudes y los avances autonomistas de 1806 y 1807 no hay absolutamente ninguna influencia que no sea pura y exclusivamente española. Por supuesto, provocó reacciones que también corrieron por cuenta de españoles peninsulares, pero más unidos por diversos intereses a su tierra de origen y totalmente devotos del absolutismo monárquico. En primer término, la Audiencia, que vio en la suspensión y la deposición de Sobre Monte una peligrosa manifestación de *independencia* que denunciaba el oculto propósito de los cabildantes de separar al Río de la Plata de España. Les preocupaba seriamente el populismo de que daba muestras el Cabildo, ajando inconmovibles prerrogativas al asumir funciones ajenas a su esfera, para invadir incluso cotos sagrados, sólo dependientes de la voluntad real. En toda Hispanoamérica fue sensible la dicotomía: a la alegría popular por el triunfo de Buenos Aires frente a los ingleses, se contrapuso la desconfianza de las autoridades reales ante aquella victoria de origen popular. Desde Lima, el virrey Abascal no ocultó su disgusto por la insolencia porteña de destituir a Sobre Monte, y a su vez el Cabildo contestó en nota a la Corte, refiriéndose al Virrey peruano en esta frase: *tanto él como los demás mandones,* lo que nos sugiere la tónica que caracterizó a la polémica.

De manera que a fines de 1807 ya existían delineados dos grupos, tendencias o partidos: uno minoritario, absolutista, mantenedor de todas las prerrogativas borbónicas, y compuesto de españoles, en su mayor parte funcionarios. El otro, abrumadoramente mayoritario, tenía su centro en el Cabildo; estaba dirigido también por españoles, aunque definitivamente afincados en el país, y contaba, además, con franco apoyo entre los criollos (por ejemplo, el abogado Mariano Moreno, en Buenos Aires, y los hermanos Ambrosio y Gregorio Funes, en Córdoba). Este partido apoyó a Liniers en las primeras etapas de su gobierno, y ayudó activamente a preparar los cuerpos militares que surgieron tras la primera invasión inglesa. Así estaban las cosas, cuando en España se desmoronó el castillo de los Borbones.

La *"Justa Reclamación"*

Cuando el campesino Andrés Torrejón declaró la guerra desde la minúscula Móstoles al Emperador de los franceses, estaba asumiendo una vieja prerrogativa española: al faltar el rey, el pueblo recupera su soberanía. Toda España se alzó en repudio de José I Bonaparte, y allí donde las bayonetas de Napoleón no podían impedirlo, cada región asumió el manejo de sus negocios, estableciendo juntas soberanas a nombre de Fernando VII. El problema, que incendió a la Península en el curso de 1808, pronto trascendió a América, creando la necesidad de tomar posiciones, ante el hecho de hallarse el trono vacante.

Un reducido grupo de personalidades acusó simpatías hacia José I. Fueron los afrancesados o bonapartistas, que clamaban para que España resolviera sola sus problemas, dejando para América el único trabajo de acatar al vencedor. Como con toda seguridad lo sería Bonaparte, resultaban meridianos sus propósitos. En Buenos Aires, el más visible sostenedor de la tesis fue el propio virrey, don Santiago de Liniers.

Es curioso, pero este hombre, que fue el único virrey elegido por el pueblo y llevado en andas al poder, era un convencido e irreductible absolutista; y por ello, en sus informes destacaba su profunda desconfianza hacia la tendencia autonomista del Cabildo por un lado, y la presencia de milicias populares por el otro. Esas mismas milicias que lo tenían por ídolo y héroe. Pero el Virrey no se sentía tranquilo junto a esas tropas, que, si bien le habían dado el mando, podían retirárselo el día menos pensado. De allí que clamara por una total sumisión al absolutismo, al tiempo que trataba de mantener a las fuerzas militares, y en especial a sus jefes.

Tal vez por su sangre francesa, tal vez por su decepción al no ser nombrado virrey titular, Liniers se inclinó al bonapartismo cuando los Borbones cedieron en España. No contó con el Cabildo, que se le plantó en el camino, obligándolo a dar marcha atrás. La actitud de la tendencia de los cabildantes había sido inmejorablemente expresada por Francisco Javier de Elío: estaban dispuestos a declarar la guerra a la misma España, en caso de someterse a Napoleón. El propósito mantenido desde entonces por esta facción liderada por Martín de Álzaga, fue establecer un sistema de juntas, y, llegado el caso de que se perdiera España, proclamar la independencia del Río de la Plata.

A su vez, la vacancia del trono español dio nacimiento a una tercera tendencia, eminentemente criolla. Presos Carlos IV y Fernando VII, la sucesión recaía en la hermana mayor de Fernando, Carlota Joaquina, casada con el príncipe Juan, regente de Portugal, en esos momentos establecido en Río de Janeiro. Desde que Carlos IV abolió la ley sálica, impuesta en España por el primer Borbón, Felipe V, retomando la tradición hispana, era el mejor candidato al trono. Carlota vivía separada de su marido desde tiempo atrás. Nunca formaron una pareja avenida. Dos años antes, con ocasión de enfermar el príncipe Juan, la Infanta intentó declararlo demente, para ocupar ella la regencia. El complot falló, y en adelante el Regente la mantuvo apartada, apareciendo juntos sólo en actos oficiales y protocolares.

Otro posible aspirante era el infante Pedro Carlos, hijo de Gabriel de Borbón, hermano de Carlos IV, ya fallecido. Sin embargo, en España pensaron de otro modo. Entre los varios candidatos que surgieron, no figuraba Carlota. Se pensó en el infante Pedro Carlos; pero pronto se lo dejó de lado por el archiduque Carlos, nieto de Carlos III de Borbón y también de los Habsburgo, y que vivía en Austria. También contaba la línea de los Borbones de Nápoles, desplazados tiempo atrás por Napoleón. Pero lo significativo de estos tanteos fue que, desde el vamos, América y la Metrópoli alentaron candidatos distintos, hasta cierto punto opuestos, con el recíproco desconocimiento de los respectivos manejos.

Tan conscientes eran Carlota Joaquina y Pedro Carlos de sus derechos, que el 19 de agosto de 1808 elevaron al regente Juan un documento, conocido como *Justa Reclamación*, solicitando en su condición de representantes de la Casa Real de España la protección del Regente portugués ante la usurpación napoleónica del trono español, para consolidar sus derechos en Hispanoamérica. El documento fue inspirado y preparado por el ministro Souza Coutinho, que veía la ocasión propicia para cumplir con sus sueños continentales: establecida Carlota como regente de la América española con la protección del príncipe Juan, quedaba abierto el camino para que el hijo de ambos, Pedro, gobernara en el futuro como emperador de un gigantesco Imperio con centro en Río de Janeiro. Y como la cosa estaba preparada, el Regente aprobó la *Justa Reclamación* el mismo día de su presentación.

Alguien más tuvo que ver en la elaboración del ambicioso proyecto: el almirante Sidney Smith, comandante de las fuerzas navales surtas en Río. Smith era un marino de arrolladora imaginación, abiertamente extravertido e incurablemente romántico. Se había enamorado de la princesa Carlota. Vivió con ella un fogoso romance, y se convirtió en su público paladín. Cómo hizo para enamorarse, es un misterio que habla muy alto de la femineidad de la Infanta. Carlota, que andaba por los treinta y tres años de edad, era irremediablemente fea. Flaca, muy flaca –tanto, que aseguraban que ni la edad redondeó sus huesudas aristas–, carecía de formas y, para colmo, renqueaba al caminar. Rostro largo, afilado, con una prominente nariz que salía al encuentro del interlocutor, habría para dudar del gusto de Sidney Smith. Pero Carlota poseía en alto grado el atractivo de las feas. Tenía empaque de reina, elegancia de maneras, porte verdaderamente imperial. Y además, un insustituible par de ojos que hacían olvidar la nariz. Penetrantes, oscuros, ardientes. Había heredado también de la madre, la reina María Luisa, todas las artes de la coquetería. Añádase a ello que era sumamente inteligente, capaz y dinámica. Se explica, al cabo, que Sidney Smith fuera su devoto admirador.

El Almirante supo, por Souza Coutinho, del proyecto de *Justa Reclamación,* y lo aprobó en todos sus términos. Ya anteriormente había apoyado las ideas expansionistas del Ministro, planificando una expedición conjunta al Río de la Plata, para ocupar ambas márgenes. Incluso se logró la aprobación del embajador lord Strangford, que sólo pidió se entregara a Buenos Aires o a Montevideo como colonia británica. Posteriormente, la rebelión peninsular y la flamante alianza angloespañola dejaron en la nada esos planes.

También Smith propuso llevar a Lima al infante Pedro Carlos como lugarteniente general del Reino, con apoyo de la escuadra inglesa. Tal vez no comprendió que Souza Coutinho había colocado al Infante como reaseguro contra la Princesa, cuya independencia de criterio y firmeza de carácter temía.

Con el visto bueno del Regente, ambos candidatos emitieron sendos *Manifiestos,* que fueron redactados por Souza Coutinho en acuerdo con Sidney Smith, y traducidos al español por

José Presas, aquel catalán fugado de Buenos Aires después de las invasiones inglesas, que había recalado al amparo de Smith. El Almirante, a su vez, lo colocó como secretario de Carlota. En tales *Manifiestos,* la Princesa y el Infante dejaban sentado su derecho de gobernar las colonias españolas en ausencia de Fernando.

La emergencia del carlotismo

Simultáneamente, se gestaba en Buenos Aires un movimiento adicto a Carlota Joaquina. Sustancialmente formado por criollos, con abundancia de profesionales y comerciantes, alentaba una serie de ideas definidas. Rechazaban la dinastía Bonaparte con la misma decisión que el partido del Cabildo, y, como este, consideraban que perdida España para los Borbones, América debía proclamarse independiente. Pero diferían sensiblemente en el cómo. El Cabildo era juntista; vale decir, partidario de un gobierno popular de juntas, rechazando las líneas colaterales borbónicas. Los otros, en cambio, repudiaban el sistema, por considerarlo *republicano, democrático,* proclive a degenerar en caos y anarquía. Sin contar con que desconfiaban de los propósitos finales del juntismo, sospechando que pretendía retener los controles del Estado en manos de peninsulares con preferencia a los criollos. En cambio, este grupo, sin ser regalista, pues rechazaba el absolutismo, y buscando la independencia, era profundamente monárquico y legalista. Creían sus integrantes que el momento era ideal para establecer en el Plata una monarquía moderada donde privaran los criollos, y cuyo primer candidato, por sangre y derecho, era Carlota Joaquina. De esa manera surgió el *carlotismo,* cuyo iniciador fue Manuel

Belgrano, y al que se sumaron Juan José Castelli, Hipólito Vieytes, Nicolás Rodríguez Peña, Antonio Luis Beruti y otros que
alcanzarían destacada actuación en los años siguientes.

El encargado de iniciar oficialmente las gestiones de Carlota Joaquina en el Plata para el reconocimiento de sus derechos,
fue un médico italiano de cuarenta años, aventurero probado,
llamado Carlos Guezzi. Había sido tratante de esclavos en Mo-
zambique, después vivió un tiempo en Bahía, para radicarse
posteriormente en Buenos Aires, donde se dedicó al comercio,
entablando amistad con Martín de Álzaga. La habilidad personal del hombre queda demostrada ante la circunstancia de que,
tras mantener tratos con el adusto don Martín, se llevó bien con
Beresford, y más tarde anduvo en tan excelentes términos con
Liniers, que éste lo mandó al Brasil, para que lo informara sobre la llegada y los propósitos de los Braganzas. Y como el
hombre era gregario, en Río se hizo amigo de Souza Coutinho,
pasando a formar parte de su circulo, razón por la cual lo mandaron otra vez a Buenos Aires, ahora al servicio de la infanta
Carlota.

El 13 de setiembre de 1808, Guezzi elevó los documentos
carlotinos a las autoridades porteñas; pero lo hizo en mal momento. Dos días antes, el Virrey, con el Obispo, la Audiencia y
el Cabildo, había tomado conocimiento de una violenta nota del
brigadier Curado, en trance de retirarse de Montevideo, por la
que exigía la entrega de la Banda Oriental a la Corona portuguesa. También Curado acusaba a Liniers de ser agente de Napoleón. Todas estas cosas no creaban ambiente propicio para recibir a un delegado brasileño; por eso, el mismo 13, el Cabildo
contestó al *Manifiesto* carlotino reiterando su fidelidad a Fernando VII, rechazando los términos del documento, y protestando contra lo que consideraban una injerencia de la Corte

portuguesa en los asuntos del Río de la Plata. Puesto en el bre-
te de sacar la cara, Liniers lo tuvo que hacer de manera inequí-
voca, y días después rechazó a su vez las pretensiones de la princesa Carlota y del infante Pedro Carlos. Lo mismo ocurrió en
Montevideo, haciéndose extensiva la repulsa a todo el interior
del Virreinato.

Pero esto sirvió a su vez para revelar la presencia del grupo
carlotista porteño, que de inmediato se puso en marcha. En este episodio tuvo bastante que ver un nuevo personaje, quien,
para hacer juego con los demás que iban apareciendo, era bastante pintoresco: Felipe da Silva Telles Contucci, acaudalado comerciante nacido en Florencia y de padre portugués. Indudablemente, la mezcla resultó perfecta, pues a la acaramelada
suavidad lusitana se unió la sutileza y profundidad toscanas.
Desde los primeros años del siglo, en razón de su fortuna e intereses comerciales, estaba relacionado con los más influyentes
círculos de Buenos Aires, Montevideo y Río de Janeiro, manteniendo contactos con todas las esferas del poder, tanto del lado español como del portugués. Además, sentía verdadera pasión, una irrefrenable vocación por la intriga, que lo impelía a
meterse en antesalas y trastiendas, haciendo cabal honor a su
viejo compatriota Maquiavelo.

En Montevideo trabó amistad con el brigadier Curado durante la larga estada de éste. Cuando el militar regresó a Río, re-
comendó calurosamente a Contucci ante Souza Coutinho, des-
tacando sus relaciones con influyentes porteños. Era un hombre
ideal para dar impulso al carlotismo, y pronto Souza Coutinho
lo ganó para sus propósitos. A su vez, el núcleo carlotista de
Buenos Aires decidió aprovechar las relaciones de Contucci en
Río para sus propios planes, y de ese modo el florentino se convirtió en un verdadero eje para establecer la monarquía borbó-

nica en el Plata. Su amistad con Manuel Belgrano facilitó las cosas. El abogado y el comerciante mantuvieron largas conversaciones. A Belgrano y sus amigos les disgustaba la actitud de Liniers, al reconocer a la Junta de Sevilla. Mantenían la tesis –por
otra parte, sustentada por los españoles antibonapartistas– de
que, ausente el rey, los pueblos recuperaban su soberanía, y como América no dependía de España, sino de la Corona española, no había razones para acatar ningún gobierno que surgiera
en la Península. América debía retomar su plena personalidad
política, pero manteniéndose dentro de la legitimidad, representada por la princesa Carlota, como hermana mayor de Fernando. La Infanta debía pasar a Buenos Aires, convertida en capital del Imperio español, para gobernar como regente, o virreina,
o reina provisional de Hispanoamérica, que todas las posibilidades se barajaron en Río y en Buenos Aires.

A su vez, el carlotismo imponía ciertas condiciones: en primer término, que se deslindaran los derechos de Carlota Joaquina a la herencia hispana de los que poseía la Corona portuguesa, puesto que no se deseaba una fusión de dominios, como
pretendía Souza Coutinho. A su vez, la monarquía por establecer sería moderada y no absoluta, quedando bajo control los
poderes reales.

El 20 de setiembre, mientras Montevideo se independizaba
de la autoridad virreinal, erigiendo junta propia, el grupo carlotista dirigió a la princesa un Memorial que, en cierta forma,
era una respuesta a la *Justa Reclamación,* aceptando los derechos de la Infanta y solicitándole el envío de Pedro Carlos para establecerlo en Buenos Aires como lugarteniente general del
Reino. Felipe Contucci fue el encargado de llevar a destino el
Memorial, que llamaba a la Princesa para ceñir la corona rioplatense.

Las tribulaciones de Carlota Joaquina

Entonces terció en el asunto el embajador lord Strangford, obrando como freno de las pretensiones carlotistas. En un comienzo las aceptó, e incluso las favoreció. Sólo se limitó a torpedear la candidatura del infante Pedro Carlos, criatura de Souza Coutinho, hasta que desapareció de la escena. Después, la situación europea le insinuó la conveniencia de cambiar de vientos. Desde julio de 1808, España era aliada de Gran Bretaña, y el Gobierno de Londres sólo tenía un norte con su nuevo amigo: reducir la proliferación de juntas locales, demasiado proclives a funestas ideas republicanas que podían terminar con la definitiva deposición de los Borbones, y reemplazarlas por un Consejo de Regencia bajo su directa supervisión, para mantener los derechos de Fernando como único rey legítimo hasta el fin de la guerra. Con tales fines, era inadmisible para el Gabinete inglés la aparición de otra monarquía en los dominios de su aliada. A Inglaterra le interesaba profundamente ganar el comercio de Hispanoamérica, pero conservando el régimen vigente. De manera que lord Strangford se cruzó en el camino de Carlota Joaquina y de Souza Coutinho. Y también del almirante Sidney Smith, iniciando con ello una pintoresca polémica entre compatriotas, que más de una vez se debatió a gritos.

El colmo se alcanzó en octubre, durante una tormentosa sesión entre el Regente, lord Strangford, la princesa Carlota y Sidney Smith. Carlota, ansiosa por llegar al Río de la Plata, llegó a ofrecer por su cuenta y riesgo un tratado con su marido, por el cual le entregaría la Banda Oriental, a cambio de la libre navegación del Amazonas. Al Regente le gustaba la Banda Oriental, y como buen portugués anhelaba tenerla dentro de sus dominios, pero no al precio de debérsela a su mujer, a quien aborrecía cordialmente. Además, lo frenaba lord Strangford, decidido a que la Princesa no saliera de Río. Pero cuando el Embajador manifestó en alta voz su oposición a los planes de Carlota, saltó el almirante Sidney Smith, alegando que tenía instrucciones secretas y plenos poderes del Gabinete inglés para proceder a ese traslado. Lord Strangford se calló, porque no podía saber si el otro decía la verdad o estaba representando una *opera magna* de ficción. Como sabía que su Gobierno solía tender varias líneas en todas las direcciones para estar seguro de acertar en cualquier caso, prefirió dejar las cosas como estaban y asesorarse más a fondo.

Este enfrentamiento entre el representante oficial del Gobierno británico y el Comandante de la estación naval inglesa, estaba lejos de ser una anomalía o excepción. Normalmente, el Foreign Office tenía una política, y el Almirantazgo otra, no siempre coincidentes y muchas veces contrapuestas. La duplicidad permitía al Gabinete elegir en último término, desautorizando a una de las partes y sin riesgos de incómodos errores.

Tanto Strangford como Smith sabían perfectamente que en Buenos Aires había un poderoso partido juntista, y que antes o después Martín de Álzaga intentaría deponer al virrey Liniers. José Presas aseguró al Almirante que, una vez en el poder, Álzaga solicitaría la ayuda británica, como lo hicieran todas las juntas españolas, aunque ello no satisfizo al marino, que, como buen inglés, desconfiaba del republicanismo. Decidió entonces dar oxígeno a la empresa de Carlota. Llamó a Saturnino Rodríguez Peña, residente en Río con una pensión inglesa y otra portuguesa, que había saltado al carlotismo, pidiéndole la redacción de un petitorio formal para que la Princesa se trasladara al Plata. El documento sería llevado a Buenos Aires, firmado por los carlotistas y devuelto a destino, para forzar la partida de la candidata al trono. Peña cumplió con el encargo, redactó el petitorio, y para llevarlo se llamó a un joven cirujano de origen inglés, llamado Diego Paroissien. Le entregó los pliegos y una cantidad de cartas para una serie de personajes tan dispares como Juan José Castelli, Martín de Álzaga, Santiago de Liniers, Mariano Moreno, e incluso el ex virrey Sobre Monte, demostrando que don Saturnino tenía ideas un poco confusas sobre la situación política platense. Pero como también había que vivir, le agregó a Paroissien una partida de medias de seda, siete cajones con encajes ingleses y diez relojes de bolsillo, para que los pasara de contrabando, a su nombre y a comisión. No todo es política en este mundo. Para agregar un pico a su doble pensión lusobritánica, don Saturnino ejercía corrientemente el contrabando con eficiencia de entendido.

Y allá fue Paroissien el 1° de noviembre de 1808, a iniciar lo que sería un largo viacrucis. José Presas había olido el asunto, y fuera porque no lo pusieron al tanto, o por alguna otra ignota razón, convenció a Carlota de que traicionara a su propio emisario. Le manifestó que Peña era un individuo desacreditado en Buenos Aires; que se lo consideraba un traidor por su intervención en la fuga de Beresford y por vivir de una pensión inglesa, y que además era agente de los republicanos, o sea de los alzaguistas, que no querían a la Princesa. ¿Qué mejor para quedar bien que denunciar al virrey Liniers la presencia de Paroissien con papeles y cartas de Peña? Carlota Joaquina incurrió en el error de dejarse convencer, y con alegre espíritu cometió una de las felonías más abominables de su carrera política. En el mismo barco donde viajaba el cirujano, embarcó a un agente con una carta lacrada que debía entregar tan pronto como llegara a puerto. Paroissien hizo la travesía junto al otro pasajero, perfectamente ignorante de la tormenta que se cernía sobre su cabeza. Al llegar a destino, el individuo entregó el sobre lacrado, que denunciaba prolijamente y con detalles a Diego Paroissien y su misión. Fue a dar de cabeza a la cárcel confiscándosele cuanto llevaba. Se le inició proceso por alta traición, durante el cual, curiosamente, Carlota no fue mencionada para nada, recayendo todas las culpas en Saturnino Rodríguez Peña. Actuó como defensor Juan José Castelli, quien realizó por su defendido un brillante alegato, donde sostuvo que, desaparecido o preso el rey, América reasumía su soberanía, puesto que el aceptar cualquier gobierno que se estableciera en España, *sería establecer un vasallaje de vasallos sobre vasallos*. Año y medio después el proceso fue interrumpido por la Revolución de Mayo, salvando muy posiblemente a Paroissien de ser ejecutado. Fue puesto en libertad; más adelante se incorporó al Ejército de los Andes, y junto a San Martín realizó las campañas de Chile y el Perú, donde el Libertador lo ascendió a brigadier general.

A medida que Strangford y el Regente colocaban obstáculos en su camino, la princesa Carlota parecía entrar en frenesí por asumir de una vez el poder en Buenos Aires. Clamaba que lo haría de cualquier manera, aunque abrieran fuego contra ella los cañones portugueses de la bahía de Río. Prudentemente, lord Strangford dejaba hacer, mientras todo se redujera a palabras. Ignorando cuál era en el fondo la política oficial de su Gobierno ni qué papel jugaba Sidney Smith en la partida, esperaba instrucciones de Londres, mientras calladamente trabajaba en contra de la Princesa, seguro de su línea de conducta.

En noviembre de 1808, los sueños de Carlota Joaquina comenzaron a desvanecerse. El 20 de ese mes entró en Río de Janeiro una fragata española, la *Prueba*, en viaje al río de la Plata. A bordo venía, siempre impecable y perfumado, don Pascual Ruiz Huidobro, aquel gobernador de Montevideo apresado por los ingleses y trasladado a Inglaterra. Recuperada la libertad tras la invasión napoleónica a España, fue gratificado por la Junta de Galicia con el titulo de virrey del Río de la Plata. Qué derechos tenía la Junta de Galicia para nombrar virreyes en alguna parte, es un verdadero misterio, y lo mismo debió de decirse Ruiz Huidobro, pues nunca intentó presionar con sus diplomas ni hacerse cargo del poder. Pues bien; estando la fragata en Río, su capitán recibió orden de la Infanta de demorar la partida, al parecer con la idea de embarcarse. Tal vez intentara una fuga. También era su intención remitir de vuelta a España a Ruiz Huidobro, contra el cual el intrigante José Presas le había llenado la cabeza. Lo cierto es que la situación era delicada. El capitán de la *Prueba* reunió consejo de guerra a bordo, para determinar la conducta a seguir. Se resolvió zarpar en el acto, aunque tuvieran que abrirse paso a cañonazos. Silenciosamente levaron anclas con toda la tripulación lista para repeler un ataque, y se deslizaron entre buques portugueses e ingleses, bajo las baterías costeras erizadas de cañones, sin que ocurriera nada. Tan pronto como se encontraron en mar abierto, pusieron proa a todo trapo hacia Buenos Aires, adonde llegaron en diciembre.

Una vez en tierra, Ruiz Huidobro se encontró con un Virrey en ejercicio, y no intentó discutirle títulos, guardando discretamente su nombramiento gallego, a la espera del desenlace de los acontecimientos. Pero el dos veces frustrado virrey parecía condenado a recibir títulos *in pártibus,* ya que la Audiencia y Liniers lo nombraron gobernador de la rebelde Montevideo. Fue rechazado desde la otra orilla por la junta y Elío, con una nota insultante en que, para colmo, lo tomaban a broma.

En cuanto a la princesa Carlota, seguía de malas. El 26 de noviembre, el Regente pareció acceder a sus pretensiones, pero imponiendo que la Infanta debía ser oficial y formalmente llamada desde Buenos Aires, antes de dejarla partir. Casi de inmediato, las indiscreciones de Sidney Smith ofendieron severamente al príncipe Juan, al punto que reclamó ante la Corte de Londres por la actitud desconsiderada del Almirante. Por ello, y también por las presiones de lord Strangford, cambió de parecer, haciendo llegar a su esposa una nota impagable: le negaba todo permiso para alejarse de Río, alegando que le sería imposible tolerar la vida sin su amada mujer... ¡Llevaban años sin hablarse, y vivían separados!

Debe señalarse respecto de lord Strangford, tan publicitado antaño por nuestra historiografía como un campeón de la libertad y de la independencia rioplatense, lo que de él dijo el historiador inglés John Street sobre su oposición a la Infanta: "Cabe subrayar que Strangford actuaba así, no para ayudar a la emancipación del Plata, sino para tener anglófilos allí en caso de emancipación. Era una cuestión de política, no de simpatía". Indudablemente, Strangford nunca se manejó por afectos personales, sino por intereses nacionales, y éstos eran los de su patria.

En cuanto al mismo carlotismo, es evidente que las coincidencias de sus propulsores eran más aparentes que reales, y que cada uno lo entendía a su manera. Para Souza Coutinho era un modo de lograr el sueño imperial continental. A su vez, el carlotismo porteño soñaba con una monarquía moderada bajo el gobierno de la Infanta. Pero la misma Carlota Joaquina tenía sus propias ideas: en caso de asumir la regencia de los dominios españoles, no cedería un ápice de soberanía a los Braganzas, manteniéndose apartada de cualquier tipo de protectorado, ya que la mujer era profundamente española, y altamente celosa de las prerrogativas reales de los Borbones. Los criollos que esperaban se aviniera a gobernar con una constitución, soñaban despiertos. La Princesa era absolutista sin remisión, y jamás hubiera aceptado limitaciones de ningún tipo a su poder. El hecho de que el carlotismo terminara fracasando, evitó la manifestación de estas discordancias, que, inevitablemente, lo hubieran llevado al naufragio.

Inquietud en el Alto Perú

En la segunda mitad de 1808, las diversas tendencias políticas se fueron definiendo, tomando caracteres más o menos precisos ante la grave situación española. Dichas tendencias se expandieron por toda Hispanoamérica, si bien con distinta suerte e influencia en cada región. Los absolutistas, partidarios del regalismo a ultranza, no hallaron eco en el Virreinato del Río de la Plata, donde constituían núcleos minoritarios sin mayor respaldo; pero privaron y dominaron en el Virreinato del Perú. Los bonapartistas se diluyeron sensiblemente en todas partes, quedando apenas residuos poco significativos. El juntismo, en cambio, aumentó su caudal aceleradamente –sobre todo, después de triunfar en Montevideo–, y se extendió por el interior del Virreinato rioplatense. En cuanto al carlotismo, si bien tuvo ramificaciones en toda Hispanoamérica, sólo alcanzó real importancia en Buenos Aires, sin lograr prevalecer siquiera en el resto del Virreinato.

En la capital platense, carlotismo y juntismo quedaron enfrentados como las facciones de mayor arrastre, tendientes ambos a una independencia real, pero sin poder superar sus diferencias y desconfianzas. Ya sabemos que los carlotistas no querían saber nada de juntas, pues temían al populismo republicano del sistema, que podía desembocar en un proceso incontrolable como el de la Revolución Francesa, aborrecida en

toda Hispanoamérica. Como decía Manuel Belgrano, no acep-
taban la *independencia demócrata* que propiciaba Álzaga, prefiriendo el establecimiento de un gobierno monárquico mode-
rado y legitimista. En cuanto a los juntistas, rechazaban el
carlotismo, por considerarlo peligroso para la identidad política de la América española. Tras la infanta Carlota veían la mano del Regente y del Gobierno portugués, con todas sus viejas
e insaciables apetencias de dominio. Para ellos, darse a Carlota
era entregarse lisa y llanamente al poder lusitano, el enemigo
ancestral y tradicional. La diferencia, insalvable por el momento, impediría que Buenos Aires se segregara de España mucho
antes de lo que al cabo se produjo.

También estaba el factor militar, que tenía la última palabra
en las vainas de sus espadas. Los carlotistas contaban con limi-
tado apoyo en los cuarteles, no así el juntismo, qué tenía varios
regimientos a su zaga –sobre todo, de peninsulares–; pero el
grueso de las fuerzas permanecía en un plano político neutral,
no definido, en apoyo y acatamiento de Liniers. En cuanto al Virrey, tras los coqueteos bonapartistas se había llamado a sosie-
go, en prudente expectativa. Políticamente, se mantenía en posición incierta e incómoda. Absolutista convencido, era aceptado
con fuertes reservas por los regalistas, dada su condición de francés; enérgicamente opuesto a toda idea de juntismo, tenía de lleno en contra al poderoso grupo de Álzaga, que le llevaba una
guerra sorda desde su reducto del Cabildo. Y tampoco quería
saber nada con el carlotismo, de modo que se encontraba solo y
sin partido, sostenido únicamente –y era bastante– por las fuerzas militares que ayudara a crear tras las invasiones inglesas, pero de las que desconfiaba sin remedio, por su origen popular.

Sumada a la grave situación política la severa crisis económica de su gobierno, Liniers tuvo que ver aún cómo se le esca-

paban de las manos las riendas del poder en el resto del Virreinato. Primero fue Montevideo, que erigió una junta ante su nariz con la consagración de su archienemigo Francisco Javier Elío. A ello se sumaría el creciente hervor de que daba muestras el Alto Perú, y cuyo gestor sería aquel brigadier Goyeneche llegado en agosto de España. Ya sabemos que el hombre olía los vientos antes de tomar partido, lo que le permitió saltar del godoyismo al bonapartismo, y luego al juntismo. Ya en el Río de la Plata, se convenció de las posibilidades de la princesa Carlota, y se hizo carlotista. El 23 de setiembre de 1808, una notificación de Goyeneche fue recibida en Chuquisaca, adonde llegó como representante de la Junta de Sevilla, y solicitó el acatamiento a su autoridad. A la inversa de lo acontecido en Montevideo y en Buenos Aires, Chuquisaca denegó el reconocimiento, y, ante lo ocurrido en la Península, se decidió plantear el asunto a la Universidad, para resolver en definitiva.

Chuquisaca era una ciudad eminentemente doctoral, llena de nombres y de abogados. Se llamaba Charcas, La Plata y Chuquisaca, y estaba nutrida por un irresistible espíritu jurídico. De allí que la toma de posición chuquisaqueña evitó los planteos sentimentales o afectivos, ateniéndose a una rigurosa lógica formal.

Sintéticamente, la pregunta elevada a los claustros decía: *"¿Se debe seguir la suerte de España, o se debe resistir en América a los extranjeros?"*

La respuesta, que se conoce como *Silogismo de Chuquisaca,* se ajustaba a los antecedentes de la ciudad:

"PREMISA MAYOR: Las Indias son un dominio personal del rey y no de España. PREMISA MENOR: El rey no puede reinar. CONCLUSIÓN: Luego las Indias deben gobernarse a sí mismas apartándose de España."

La respuesta tenía doble fondo, pues no se refería únicamente a la familia Bonaparte. Existían sospechas del carlotismo de Goyeneche, y en tal situación Chuquisaca asumió una actitud de repulsa a todo poder coronado extranjero; en primer término, el proveniente de Portugal, y específicamente de Carlota Joaquina. Cuando el 11 de noviembre llegó Goyeneche a la ciudad, lo hizo portando la *Justa Reclamación* y los manifiestos carlotinos, con lo cual dio plena razón a las sospechas que planeaban sobre su persona. El Brigadier intentó primero que Charcas modificara su actitud ante la Junta de Sevilla. Reunidas las autoridades en solemne sesión, Goyeneche se explayó sobre la situación española, detallando el rechazo al rey José I y el alzamiento popular, para concluir pidiendo que se reviera la disposición de no reconocer a la Junta sevillana, de la que era representante.

De manera impecable se le pidió que mostrara las credenciales de tal representación; entonces Goyeneche perdió la paciencia, se mostró ofendido, y la sesión acabó en soberano escándalo, donde cada una de las partes gritó sin inhibiciones lo que pensaba de la otra. Goyeneche la quiso emprender a puñetazos, y por su parte escuchó el mote de *general de cartón* que le gritaron en la cara.

Lo cierto es que por la ciudad corrió la voz de que Goyeneche quería entregar el Alto Perú a los portugueses, generándose un malestar con amenazas de rebelión. Tan pesado se puso el ambiente para su persona, que el prudente Brigadier decidió hacer mutis abandonando a Chuquisaca en secreto, para dirigirse al Perú por caminos secundarios, pero seguros. Una vez en Lima, bajo la protección del virrey Abascal, volvió a cambiar de casaca. Abandonó el carlotismo, que no daba dividendos, y se adscribió al más devoto absolutismo, donde realizara una brillante carrera. Pero de su fugaz etapa carlotista dejaba atrás una mecha encendida que, por reacción, provocaría las rebeliones altoperuanas de 1809.

La ofensiva francesa

En España la situación se agravaba aceleradamente. La sublevación popular, el desconocimiento general de José I, la derrota de Bailén y el repliegue de los ejércitos franceses hacia los Pirineos, eran situaciones intolerables para Napoleón I. Todo ello conformaba un cuadro sin precedentes para el Emperador, acostumbrado a remover y reemplazar reyes a voluntad. Lo había hecho en toda Europa, sin que nadie abriera la boca. El que ahora se le cruzara la chusma, el populacho de un país, osando desconocer su autoridad, atreviéndose a encararlo, declarándole la guerra, y encima derrotando a uno de sus mejores generales, era una monstruosidad inadmisible para el Corso, que se debía castigar de manera implacable y ejemplar. Pero Napoleón tenía bastante talento como para comprender que esa adversidad inesperada significaba para él una calamidad sin atenuantes. En España había recibido la primera bofetada en el rostro. En el polvo de Bailén quedaban hundidos su prestigio y su futuro. Frente a él tenía una disyuntiva de hierro: o hacía pedazos a España, o el ejemplo español cundiría por Europa. Eso desde el punto de vista político, porque del militar tampoco quedaba mucho para elegir. Su propia torpeza, al desplazar un rey títere de una nación aliada, había arrojado en el regazo de Inglaterra una inesperada carta de triunfo.

Hasta el 2 de mayo de 1808, España había sido la más firme aliada del Emperador. Incluso Fernando VII estaba resuelto a obedecer la soberana voluntad del francés, con tal de conservar la corona. Además, Napoleón era una figura altamente popular en la Península. Aparecía como el liquidador de la Revolución Francesa, asesina de reyes, enemiga de la religión, y vesánica. Para un pueblo profundamente monárquico y católico como el español, Napoleón era el hombre que había terminado con la pesadilla, devolviendo las cosas a su cauce. También Bonaparte era el adversario irreductible de Inglaterra, la enemiga tradicional de España, contra la que tantos agravios había acumulado.

Todo eso se trastrocó de un golpe cuando el Emperador, torpe e innecesariamente, removió a la familia real, llevándola prisionera y reemplazándola con un candidato elegido a dedo. De inmediato, la fiel aliada se convirtió en enemiga a muerte. El pueblo español repudió en masa la felonía, y se arrojó con heroísmo y ferocidad a defender su suelo. De inmediato, Inglaterra se convirtió en amiga obligada, quedando a su disposición una invalorable cabeza de puente continental, para volcar sus ejércitos por la puerta de Europa que Napoleón les abría. Pronto llegaron las tropas británicas en apoyo de las españolas, y entre ellas las de sir Arthur Wellesley, preparadas al principio para la tercera invasión del Río de la Plata. Desviadas de su destino, fueron a labrar en la Península los primeros escalones que harían de Wellesley el futuro duque de Wellington.

Inglaterra aprovechó a fondo el vuelco de la fortuna. En primer término, consideró imprescindible terminar con las juntas autónomas que se arrogaban la soberanía, y reemplazarlas por un solo organismo central gubernativo. Entre los mismos españoles había conciencia de que se debía unificar el mando, ante la inminencia de una ofensiva francesa. Pero hubo discrepancias. Gran Bretaña no simpatizaba con el sistema de juntas, demasiado populista para sus gustos monárquicos, prefiriendo una regencia. Pero entre los españoles el juntismo gozaba de gran predicamento, avalado por larga tradición, de modo que se decidió, bajo la presión de las circunstancias –y de los ingleses– establecer una junta central que asumiría la soberanía de España. Para constituirla se tejieron bajo cuerda una serie de intrigas y manejos, donde los británicos estuvieron permanentemente presentes. Finalmente, la junta central se estableció el 25 de setiembre de 1808, si bien persistieron las juntas locales, muchas de las cuales vieron con disgusto la formación de la central, y los turbios manejos que la precedieron. A su frente se colocó, siempre por presión británica, a un espectro del pasado, un sobreviviente de tiempos superados, y para colmo afrancesado, el conde de Floridablanca, viejo ministro de Carlos III.

Simultáneamente comenzó con extrema violencia la esperada ofensiva francesa. El 31 de octubre, las fuerzas imperiales ganaron una importante victoria en Durango; poco después caía en sus manos Burgos, y se iniciaba el sitio de Zaragoza.

En noviembre, Napoleón asumió personalmente el mando de los ejércitos en España, dispuesto a terminar drásticamente con los rebeldes. Conducida por su incomparable genio militar, la ofensiva se convirtió en alud, una avalancha incontenible que arrasaba con todo a su paso, pese al derroche de temerario heroísmo de los españoles. El 3 de diciembre, el Emperador entraba a sangre y fuego en Madrid, que se negó a capitular, reponiendo a José I, en tanto la Junta Central huía a Sevilla. En medio de un incontenible desmoronamiento, España parecía condenada a la ruina. Entonces, a fines de diciembre, y ante la emergencia de una nueva coalición antifrancesa a sus espaldas –gestada gracias a la resistencia española–, Napoleón debió abandonar la Península, y una vez más amainó el impulso francés. Empero, con muy negros presagios concluyó el año 1808, verdadera encrucijada histórica para España y sus dominios en América.

CAPÍTULO V

La revolución prematura

La víspera

Durante los últimos meses del año 1808 se agravó la situación planteada entre el Virrey y el Cabildo, o sea entre Santiago de Liniers y Martín de Álzaga. La erección de la junta montevideana terminó de escindir a las autoridades porteñas de manera irreconciliable. La Audiencia apoyó al Virrey, condenando severamente la actitud del Cabildo trasplatino. En cambio, el Cabildo porteño apoyó calurosamente a su par de Montevideo, y aplaudió sin reservas a Francisco Javier de Elío, si bien no hay pruebas de una acción concertada entre éste y Álzaga. El Virrey proyectó ahogar por la fuerza la rebelión montevideana mandando tropas a la Banda Oriental en tren agresivo y pese a las protestas de varios sectores, ya que ello implicaba desencadenar una guerra civil no justificada, en momentos de tensión con la Corte portuguesa.

En noviembre pasó por el río de la Plata un representante de la Junta de Sevilla con destino al Perú. En Río de Janeiro supo que el almirante Sidney Smith proyectaba mediar entre Elío y Liniers, y el hombre consideró con buen juicio que era imprudente que un alto jefe militar extranjero se metiera en asuntos internos españoles, por lo cual negoció, tanto en Montevideo como en Buenos Aires, para lograr un avenimiento. Fracasó, porque las posiciones de los dirigentes eran inconmovibles; pero al menos logró que Liniers detuviera los preparativos de ataque a la plaza oriental, evitando choques sangrientos de incalculables consecuencias. También informó a la Junta de Sevilla, manifestando que la única manera de resolver el conflicto era remover tanto a Liniers como a Elío, aconsejando se los llamara a la Península para rendir cuentas, si bien sugirió prudentemente que se los hiciera ir en buques separados.

En tanto, todo permitía presagiar un enfrentamiento directo entre el Cabildo porteño y el Virrey. Según una versión, se adelantaron preparativos, dirigidos por Álzaga, para deponer a Liniers el 17 de octubre de 1808; pero las circunstancias obligaron a postergar el alzamiento. En primer término, el golpe se veía venir de manera trasparente, sin constituir misterio para nadie. Liniers, sabedor de que su único apoyo residía en las tropas, se movió con habilidad. En los primeros días de octubre rascó hasta el fondo las cajas de caudales, y juntó dinero para pagar los sueldos atrasados de los jefes, oficiales y soldados, con lo que mejoró sensiblemente su posición. Tanto, que el día 10 una serie de jefes elevaron una devota nota de adhesión al Virrey, mostrándose muy contentos con su gobierno, y abominando del sistema de juntas. Curioso: uno de los firmantes era don Cornelio de Saavedra, el mismo que un año y medio después se encontraría presidiendo la Primera Junta...

En tales condiciones, la revolución corría serio peligro de naufragar, por lo cual Álzaga y sus partidarios decidieron postergarla hasta que los acontecimientos la tornaran viable, hecho que pareció presentarse en los últimos días del año. En tanto, continuaron los contactos para sumar voluntades e influencias de uno y otro bando. Es indudable que los carlotistas fueron apalabrados por los juntistas. Si bien tenían hondas diferencias, coincidían en la oposición al gobierno de Liniers por su desas-

trosa administración, y en el deseo de reemplazar el régimen virreinal por otro de mayor autonomía, o de independencia total,
caso de perderse España. Al parecer, hubo conversaciones con
Juan José Castelli; pero no se llegó a nada definitivo. Fuera por
la aversión del carlotismo a las juntas, o bien porque consideraron que Álzaga crearía un sistema donde seguirían predomi-
nando los peninsulares pudientes; lo cierto es que no hubo
acuerdo, aunque tampoco ruptura. Los carlotistas se retrajeron,
pero sin oponerse a los juntistas.

La excusa para deponer al Virrey fue bien urdida. Se elabo-
raría una lista de cabildantes francamente adversos a Liniers, para que éste la rechazara. Ése era un motivo; pero por si fallaba,
el Cabildo pensaba rechazar el nombramiento de alférez real que
haría el Virrey en la persona de Bernardino Rivadavia, un ampu-
loso joven de veintiocho años, hijo del destacado abogado Benito González Rivadavia, que alentaba un elevadísimo concepto
de sí mismo, a pesar de no haber terminado estudios. Tras ese segundo motivo, apareció un tercero. En el plano de las equivoca-
ciones en el que Liniers tenía marcada tendencia a deslizarse, don
Santiago cometió una que el Cabildo se apresuro a capitalizar.
La legislación vigente prohibía que los hijos de los virreyes se ca-
saran dentro del territorio gobernado por sus padres, so pena de
cesantía. Pues bien; el Virrey pasó por alto la disposición, y el 26
de diciembre de 1808 su hija contrajo enlace en Buenos Aires con
un hermano de Anita Perichon, su propia amante. Ya tenía el Cabildo la primera piedra para arrojar a la cabeza del Virrey.

El 29 de diciembre, reunidos los capitulares con la presidencia de Álzaga, abrieron fuego oponiéndose a la emisión de va-
les patrióticos dispuesta por Liniers para aumentar los sueldos
militares. Inmediatamente se entró a considerar el asunto del ca-
samiento de la hija del Virrey. Se llamó al doctor Mariano Mo-

reno, asesor del Cabildo, para que presentara dictamen. La conclusión del joven abogado fue terminante: al violar la ley española, el Virrey había cesado automáticamente en sus funciones. Ya estaba sobre el tapete el motivo de la deposición; pero entonces salió al paso la Audiencia, rechazando de plano la tesis y apoyando con toda su autoridad a Liniers. Hubo que esperar.

El 31 se consideró el nombramiento de Bernardino Rivadavia como alférez real. Corrían voces de que Liniers, permanentemente endeudado por los grandes gastos de su amante *la Perichona*, había pedido dinero prestado a Benito González Rivadavia, con posteriores dificultades para reintegrarlo. Se habría llegado a un acuerdo gracias al cual, con el nombramiento del hijo para el cargo, quedaban arregladas las cosas como forma de pago. Fuera como fuere, de ningún modo el Cabildo aceptaría a Bernardino, no tanto por él, sino para atacar a Liniers y provocar su reacción. Lo malo fue la forma que se eligió para rechazar al candidato, que recibió una descarga cerrada de acusaciones poco halagüeñas para su persona. Se lo llamó incapaz sin buscar atenuantes semánticas, y se agregó con poca piedad: *"No tiene carrera, es notoriamente de ningunas facultades, joven sin ejercicio, sin el menor mérito y de otras cualidades que son públicas en esta ciudad".* Parece cierto que el autor de tan vivo retrato fue Mariano Moreno.

Rivadavia, espíritu de fuertes rencores, jamás olvidó la afrenta. En adelante mantuvo un odio inextinguible hacía Martín de Álzaga, esperando con paciencia el momento de la venganza. Llegó tres años después, siendo secretario del Triunvirato, y con ocasión de la misteriosa conspiración que se atribuyó al ex Alcalde de primer voto. Entonces, sin pruebas suficientes, don Martín fue pasado por las armas, y su cuerpo colgado en la plaza de la Victoria.

El otro elemento que preparaba el Cabildo como bomba de tiempo era la elaboración de la lista de capitulares para el año 1809, prolijamente seleccionada entre los enemigos del Virrey. Pero mientras en la sala de acuerdos se procedía a preparar el detonante, fuera se iban disponiendo las cosas para emplear la fuerza. Aquella última tarde del año 1808 se caracterizó por el movimiento de tropas, y la creciente sensación de inseguridad en el vecindario. La tensión presagiaba acontecimientos inminentes, de lo que no quedó duda cuando las fuerzas militares recibieron orden de acuartelamiento. Cornelio de Saavedra, que sabía lo que se programaba y estaba atento, acudió de inmediato al cuartel de Patricios y se estableció en él, asumiendo celosamente el mando directo. Desconfiaba de su segundo, Esteban Romero, hombre de Álzaga, y temía que le birlara los regimientos, volcándolos a favor del Cabildo. Decidido partidario de Liniers, Saavedra quedó a la expectativa, dispuesto a sostener al Virrey. Esa noche pocos durmieron, y menudearon cabildeos en medio de nerviosa tensión.

La mañana

Las primeras luces del día inicial de 1809 mostraron claramente que algo serio se preparaba. Las tropas adictas al Cabildo, tras recibir el nuevo año sobre las armas, salieron a la calle y convergieron sobre la plaza de la Victoria. Los regimientos de vizcaínos, catalanes y gallegos se desplazaron, ocupando posiciones cerca del edificio del Cabildo. A las ocho de la mañana en punto se reunieron protocolarmente los capitulares, vestidos de negro con traje de gala, como correspondía para el solemne acto. Primer asunto, se comunicó al Virrey que el alto cuerpo rechazaba el nombramiento del alférez real. A las once de la mañana, Santiago de Liniers, que desde temprano seguía los acontecimientos desde el Fuerte, contestó al Cabildo. Fue una respuesta magistral, posiblemente inspirada en el consejo de Saavedra. Sabiendo qué se ocultaba tras el rechazo, aceptó la decisión del Cabildo, proponiendo que fuera este cuerpo el que designara alférez, dejando a salvo el derecho del rechazado a protestar ante la Corte. De esa manera don Santiago desarmó al Cabildo quitándole un motivo de rebeldía, al tiempo que quemaba graciosamente a Rivadavia, que vino a ser el pavo de la boda, repudiado por unos y abandonado por otros.

Mientras los cabildantes rumiaban el contragolpe de Liniers, la plaza se fue llenando de gente, hasta sumar una multitud cuya inquietud iba en aumento. Bajo el calor del verano, en un día caliginoso y pesado que amenazaba tormenta, menudearon los gritos contra el Virrey, exigiendo su alejamiento del cargo y pidiendo el establecimiento de una junta. Hacia el mediodía terminó la elección del nuevo Cabildo, y una delegación se dirigió en solemne comitiva al Fuerte, para comunicar los resultados al Virrey. Cruzaron por entre la multitud, envarados y nerviosos, pues la segura negativa de Liniers sería la señal para la revolución. Entraron en la fortaleza, y se encontraron ante el Virrey, que los esperaba iracundo, protestando por el despliegue de tropas y la presencia de gente en la plaza. Amenazó con reducir el Cabildo a cenizas con los cañones del Fuerte. Le entregaron la lista de capitulares elegidos, y entonces ocurrió lo inesperado. Don Santiago refunfuñó un poco, se quejó de algún nombre, pero aceptó la lista en pleno. Los cabildantes quedaron atónitos y desconcertados. El Virrey les había sacado de las manos el último pretexto para deponerlo.

Álzaga era el más desorientado. Fuera, la multitud, que ya pensaba que tardaban demasiado en deponer a Liniers, se enardeció visiblemente, arreciando en sus manifestaciones y exigiendo hechos contundentes, mientras la indisciplina cundía en los cuerpos formados desde la mañana. Algunos soldados subieron a la torre del Cabildo y la emprendieron con todo entusiasmo con la campana, aumentando el bullicio y la agitación. Tan pronto como los delegados de regreso entraron al Cabildo, la multitud se metió tras ellos en el edificio. Una vez en la sala capitular, y mientras el pandemonio llegaba al colmo, Álzaga recuperó su viejo carácter y la firmeza que lo caracterizaba: Liniers sería depuesto de cualquier manera, con motivo o sin causa.

Entonces entró en escena don Benito Lué, obispo de Buenos Aires, en la forma y modo que dejó narrado Juan Manuel Beruti:

"A la novedad de estas cosas [vale decir, el estallido de la revolución] *se aflige de sentimiento el corazón del ilustrísimo señor obispo y, temeroso de que hubiera efusión de sangre entre unos y otros, se dirige a la plaza a fin de mediar como buen pastor, y sosegar los ánimos de sus ovejas: pasa por frente al Fuerte, ve las prevenciones, pero sosegados; se dirige hacia el Cabildo para tomar la calle que sale para su casa y retirarse, y le salen al encuentro los catalanes y demás de su partido, detienen su coche y le suplican se abaje* [sic] *y vaya al Cabildo donde su persona es necesaria."*

El Obispo se *abajó* y ofreció su mediación, que fue aceptada. De inmediato integró una comisión de la que formaban parte Álzaga, otros capitulares y varias personalidades, entre las que se contaba Mariano Moreno, que se trasladó al Fuerte a presentar ultimátum al Virrey. Enfrentados a Liniers, que los recibió al pie de una escalera, Álzaga le comunicó que quedaba cesante, y le informó que una junta se haría cargo del gobierno. El Virrey respondió, visiblemente alterado, que antes de aceptar juntas, moriría en su puesto. En tanto, el Comandante de Patricios había decidido que era hora de obrar. Saavedra sacó sus tropas del cuartel y se dirigió al Fuerte, eludiendo la plaza y entrando por la puerta posterior, que daba al río. Se trasladó al despacho del Virrey, llegando en el momento en que don Santiago rechazaba toda posibilidad de juntas en su reemplazo.

Afuera, el cielo tormentoso se abría en un aguacero de verano que, arreciando por momentos, dispersó buena parte de la multitud congregada en la plaza. Algunos se refugiaron bajo los arcos de los edificios, y otros decidieron volver a casa. Eran las dos de la tarde, y, si bien Liniers aún no estaba salvado, Saavedra había impedido su caída cuando ya estaba en el aire.

La tarde

Ante la nueva situación, Álzaga, el Obispo, Moreno y los demás volvieron al Cabildo para deliberar, mientras los Patricios tomaban posiciones en el Fuerte, apuntando con los cañones hacia el Cabildo. Ante semejante despliegue, las fuerzas leales a Álzaga tomaron formación de combate, listas para la lucha, con lo cual aumentó la dispersión de la gente que resistiera al aguacero. Sin embargo, salvo algunos disparos aislados y uno que otro tiroteo entre los bandos, no se llegó a desencadenar una batalla general.

Pero resultaba evidente que Álzaga perdía puntos. Es notable cómo este hombre enérgico y voluntarioso se enredó ese día en indecisiones y titubeos que fueron dejando el campo a sus adversarios. Probablemente, quiso realizar la revolución en el orden jurídico, evitando actos de fuerza o derramamiento de sangre; pero esa blandura tan inusitada en él lo llevaba directamente al fracaso, ya que tarde o temprano serían los otros los decididos y dispuestos a emplear la violencia. El simple hecho de perder la mañana entera en deliberaciones lo demuestra. Desde la primera hora hasta el mediodía, Saavedra permaneció a la expectativa, quieto en el cuartel, oteando los acontecimientos. Si en esas seis horas Álzaga hubiera impulsado las cosas derribando a Liniers con energía, hay razones para creer que don Cornelio hubiera aceptado los hechos consumados. La indecisión del Cabildo le abrió la puerta para intervenir drásticamente y ocupar el Fuerte, convirtiéndolo en trinchera de sus tropas. En adelante sería claro que las bayonetas decidirían por encima de códices y leyes.

En el Cabildo continuaban las discusiones. Avanzada la tarde, la revolución había estallado antes del almuerzo, y el obispo Lué desfallecía de hambre. Entonces recordó sus necesidades materiales y espirituales –en ese orden–, y comunicó que habiendo hecho ya lo posible, se iba a casa *a tomar bocado y rezar el oficio divino.* Lo obligaron a quedarse, por su importante función moderadora. Incluso salió al balcón del Cabildo, para llevar tranquilidad a la gente congregada. El Obispo prometió a los capitulares que lograría la renuncia del Virrey siempre y cuando no hubiera junta; pero Álzaga y los suyos insistieron, y al cabo volvieron a trasladarse en comitiva al Fuerte. Otra vez comenzó a llover torrencialmente, mientras los grupos restantes en la plaza reiniciaban los gritos contra Liniers, pidiendo *junta como en España.* Enfrentados al Virrey, los comitentes volvieron a plantear su exigencia de renuncia. Lué solicitó hablar a solas con Liniers, y ambos mantuvieron un aparte. Al regresar, el Obispo manifestó que el Virrey se avenía a resignar el cargo, a condición de que el mando pasara al militar de más alta graduación, como prescribía la ley, y que además su renuncia debía producirse ante todos los cuerpos gubernamentales en pleno: el Cabildo entrante, el saliente, la Audiencia, el Consulado, sin olvidar a nadie. Los juntistas consideraron la propuesta. El militar de más alta graduación era Pascual Ruiz Huidobro, que casualmente era alzaguista, y uno de los candidatos revolucionarios a encabezar la junta. En cuanto a la segunda condición, no tenían inconveniente en que estuviera hasta el Padre Eterno si ello hacía feliz al Virrey, de modo que aceptaron. Respecto de Lué, enemigo declarado de toda idea de junta, consideró que Ruiz Huidobro era el mal menor vistas las circunstancias, por lo cual, estando todos de acuerdo, solicitó a Cornelio de Saavedra retirar sus tropas del Fuerte, para evitar conflictos. Saavedra exigió que antes se fueran las tropas juntistas desplegadas en la plaza. Hubo un tira y afloja, hasta que el comandante de Patricios varió las exigencias de su amor propio: saldría por la puerta principal con todo aparato, y los otros le rendirían honores. Así se hizo. Se abrieron de par en par las puertas del Fuerte, y por ellas desfilaron los Patricios de Saavedra, banderas al viento, banda al frente, con gran estrépito y colorido, mientras los vizcaínos, gallegos y catalanes presentaban armas en perfecta formación.

Fue un gambito maestro. Todo el mundo creyó que Álzaga había triunfado y que Liniers ya no era virrey, por lo cual a los vítores y aclamaciones correspondientes siguió la desconcentración. Por un lado, la gente restante en la plaza se retiró muy contenta, mientras que los soldados juntistas, que llevaban desde la madrugada aguantando el plantón y la lluvia, comenzaron a dispersarse sin esperar órdenes, muertos de hambre y calados hasta los huesos, considerando que todo había terminado. La verdad es que apenas empezaba.

Mientras se convocaba a los cuerpos gubernamentales para asistir a la renuncia de Liniers, Saavedra aprovechó el tiempo que estaba perdiendo Álzaga. Recorrió los cuarteles en busca de adictos, presionando en favor del Virrey. A las cinco de la tarde estaba todo el mundo en el Fuerte, incluyendo al teniente general Ruiz Huidobro como militar de más alta graduación y firme candidato a suceder al Virrey. Liniers tomó la palabra y manifestó que estaba dispuesto a renunciar, pero sólo en la persona que designara la ley. Brillaron los ojos de Ruiz Huidobro. Todos estuvieron de acuerdo, y en primer término, Ruiz Huidobro. Se comenzó a redactar el acta. Entonces se oyeron gritos destemplados y pasos que se acercaban. Irrumpió Saavedra de manera espectacular, con otros jefes militares. El aspecto del Comandante era espeluznante, ya que según Martín Rodríguez, quien lo acompañaba, apareció sable en mano y con un pañuelo atado a la cabeza, como listo para el abordaje. No sólo entró, sino que arrojó la espada en la balanza y decidió en definitiva. Ni junta, ni Ruiz Huidobro. Seguiría Liniers, o de otro modo correrían ríos de sangre, como amenazó piadosamente. Y mientras él representaba su *opera magna* en la fortaleza, sus tropas iban tomando posiciones en la plaza y en la Recova, ante lo cual los últimos alzaguistas que quedaban optaron por retirarse discretamente. De esa manera, Álzaga perdió el triunfo que tuviera en las manos.

En su autobiografía, escrita bastante después de los hechos y con un claro fin justificativo, Saavedra dejó su versión de lo ocurrido:

"... los jefes y comandantes mis compañeros nos dirigimos a la fortaleza, entramos en el salón donde se hacía el acuerdo antedicho, y encontramos que ya se estaba extendiendo el acta de abdicación que hacía el señor Liniers del mando, puesto que el

pueblo no quería continuase en él. Fue sorprendente a todo aquel cónclave nuestra aparición en él. El señor Obispo fue el primero y único que habló, encarándose a mí dijo: «Señor comandante, demos gracias a Dios, ya todo está concluido. S. E. ama mucho a este pueblo y no quiere exponerlo a que por su causa se derrame sangre en él –ya ha convenido abdicar el mando y se está extendiendo el acta de esta abdicación». Yo contesté: «Pero señores, ¿quién ha facultado a S. E. a dimitir un mando que legalmente tiene, y más cuando son supuestas y falsas las causales que le han propuesto para esta resolución?» «Señor comandante, por Dios –volvió a repetir el Obispo–, no quiera usted envolver este pueblo en sangre.» «Señor ilustrísimo –le repliqué–, ni yo ni mis compañeros hemos causado esta revolución; los autores de ella y sus cooperadores serán los que deseen la efusión de sangre; he dicho y vuelvo a repetir que no hay una causa justa que cohoneste la violencia que se hace a este señor.» «Señor comandante, por Dios, el pueblo no quiere que continúe mandando S. E.» «Eso, señor ilustrísimo, es una de las muchas falsedades que se hacen jugar en esta comedia; en prueba de ello, venga el señor Liniers con nosotros, preséntese al pueblo, y si éste lo rechaza o dijese no querer su continuación en el mando, yo y mis compañeros suscribiremos el acta de su destitución.» Y tomando del brazo a dicho señor, le dije: «Vamos, señor, preséntese V. E. al público y oiga de su boca cuál es su voluntad»..."

Y al aparecer Liniers, fue aclamado... por las tropas de Saavedra y sus partidarios que habían ocupado previamente la plaza.

El diálogo es muy interesante. El jefe militar dice que Lué fue el único que habló. Lo que resulta curioso en un cónclave –como él mismo lo llama– donde varios se estaban jugando a fondo. Habrían enmudecido repentinamente, presa de general afasia; sobre todo, Liniers, que habría asistido al debate con la locuacidad de un decorado, pese a que el tema central del argumento era su propia persona, dejando incluso que el Comandante lo llevara de un lado al otro del brazo. Lo decimos para señalar que los vivaces diálogos de Saavedra tal como aparecen en su autobiografía suelen ser altamente optimistas, mostrándolo siempre decidido, enérgico, aplomado, aunque sobran pruebas de que muchas veces se mostró titubeante e inseguro. Es posible, pues, que sin dudar de su veracidad, deba opacarse un poco el rutilante brillo del diálogo con el Obispo, de quien, para colmo, se sabe que era de genio desparejo.

Lo cierto es que allí se acabó la revolución. Dice Carlos A. Pueyrredón: "Al parecer la fiesta terminó en paz, accediendo los complotados con gusto a la exigencia amable de los comandantes, porque el documento se inicia con la renuncia del Virrey y termina con la conformidad general en que no renuncie. Seguramente la referida escritura pública fue interrumpida por la mitad en su redacción cuando irrumpieron en la sala los comandantes..."

Caía la noche. Los patricios fueron a celebrar el triunfo. Liniers regresó a su despacho. Lué se dirigió a sus aposentos, para comer algo al fin. Ruiz Huidobro, para variar, quedó frustrado una vez más, y no sería la última. Todos volvieron a casa, menos los capitulares, que quedaron detenidos en el Fuerte. Rato después fueron liberados los pertenecientes al Cabildo entrante; en cuanto a los salientes, con Martín de Álzaga a la cabeza, todavía vestidos de gran pompa, con sedas y terciopelos, fueron sacados de noche y embarcados rumbo a Carmen de Patagones como prisioneros. Así pasó la revolución del 1° de enero de 1809, peyorativamente llamada *asonada*.

¿Qué significó la revolución del 1° de enero?

Es indudable que la revolución de Álzaga ha tenido mala prensa entre los historiadores, que la han motejado de absolutista y retrógrada. Sin embargo, ya en el siglo pasado Bartolomé Mitre había planteado dudas sobre la real filiación del movimiento. El 1° de enero de 1809 estuvo a punto de establecerse una junta, y el 25 de mayo de 1810 se consumó ese propósito. Más, aún: el hombre designado para secretario de la primera, Mariano Moreno, lo fue al cabo de la segunda. ¿No implica ello una evidente relación? ¿No significa que –por lo menos, en parte– lo que se logró el 25 de mayo fue lo que se intentó el 1° de enero? En primer término, debe revisarse el término *absolutista* colgado como sambenito a Martín de Álzaga y los juntistas, pues ya sabemos –y está probado– que los verdaderamente absolutistas se oponían ciegamente a cualquier tipo de junta. Para el pensamiento de la época, esa forma de gobierno colectivo de emergencia popular –siempre en términos del momento– implicaba *republicanismo, democracia,* y además el oculto designio de separar estas regiones del dominio español. Precisamente el proceso iniciado a don Martín de Álzaga inmediatamente después, lleva el nombre de *Proceso por Independencia.*

¿Qué sistema pensaba establecer Álzaga, de haber triunfado? Pertenece al dominio de las hipótesis. No restan o no han aparecido documentos que permitan saberlo con certeza. Que pensara coronarse rey –como dijeron sus enemigos, al punto de llamarlo Martín I– es francamente ridículo y carente de asidero. Que lo moviera un inusitado amor a España y deseara a toda costa mantener al Río de la Plata bajo el dominio de la Madre Patria, tampoco es creíble. Por un lado, las juntas se estaban estableciendo en España con un hondo sentido autonomista; por otra parte, para un hombre maduro que vivía en Buenos Aires desde los doce años y que en América aprendió a hablar español, no sabemos qué clase de integración misteriosa podía tener con la Península. Nada de eso es viable. Más bien hay derecho a pensar que, por vasco, don Martín tenía altamente desarrollado el sentido de los propios derechos frente al Gobierno español. Tal vez pensara establecer un sistema oligárquico concentrado en los grandes comerciantes porteños, hispanos y criollos. Es lo que deja entrever Belgrano en sus Memorias. Recuérdese que don Manuel había sido secretario del Consulado, cargo desde el cual conoció de cerca a ese poderoso grupo comercial, al que llegó a aborrecer cordialmente.

Por ese lado puede que haya algo cierto, como también lo es que entre los propósitos de Álzaga se contaba la convocatoria a un congreso general de los Cabildos del Interior, para decidir la suerte del Virreinato, objetivo que llevó a cabo la Revolución de Mayo. Tampoco lo del 1° de enero fue un movimiento puramente peninsular, pues incluyó la presencia de destacados criollos. Sobre todo, Mariano Moreno, cuya actuación posterior hace que los historiadores liberales se devanen los sesos tratando de recomponer un rompecabezas donde su héroe revolucionario de 1810 pueda conciliar con el contrarrevolucionario de 1809.

Que la intervención de Moreno el 1° de enero fue clara y decidida en favor de Álzaga, no queda la menor duda. Más aún: mostró su disgusto por los titubeos e indecisiones de don Martín. Su hermano Manuel escribiría sobre estos hechos:

"... el doctor Moreno fue llamado a la sala capitular, durante esta emergencia, a manifestar su dictamen como letrado y como vecino; y cierto como estaba de la torpeza con que se conducía el negocio, tuvo la firmeza de manifestar su opinión, con la

energía y franqueza que corresponden a un hombre de bien. Co-
mo era de esperar, su voto fue contrario a la subsistencia de Li-
niers en el mando de virrey, y de aquellas provincias, y aun tu-
vo el valor de presentarse públicamente en la plaza con la
diputación del Cabildo que le intimó su cesación. "

Ricardo Levene, panegirista de Moreno y constructor de su
imagen escolar, se ve precisado a reconocer esa intervención del
prócer junto a Álzaga; pero como considera al 1° de enero y al
25 de mayo hechos contrapuestos y de signo contrario, el héroe *se le aja bastante en la jornada alzaguista.* Sin embargo, y
según lo recuerda el mismo autor, ya producida la revolución
de 1810, Moreno tuvo palabras elogiosas desde *La Gaceta* para la Junta de Montevideo establecida en 1808 contra la autoridad de Liniers. Y bien: si Moreno, después de Mayo, elogiaba
a la Junta dirigida por Elío, es que veía un común denominador
entre aquélla, la del 1° de enero y la del 25 de mayo, que Levene y muchos historiadores liberales se empecinan en no ver como fue realmente.

Planteadas las distintas actuaciones de Saavedra y de Moreno el primer día de 1809, cabe preguntarse: ¿Quién fue el revolucionario, y quién el contrarrevolucionario? Hacemos nues-
tras las palabras de Ernesto Palacio:

"Este oscuro episodio de la historia argentina suele inter-
pretarse (desde la creación del mito por López) como un triunfo de los *criollos* sobre los *peninsulares,* con todos los laureles
para aquéllos. La verdad es que fue el triunfo del conformismo
y el espíritu conservador sobre la decisión revolucionaria... Si
el movimiento del 1° de enero puede considerarse precursor de
este acontecimiento decisivo [el 25 de Mayo], el impulso reno-
vador no se encontraba en el partido de Liniers, sino en el de
Álzaga. Liniers y sus sostenedores representaban la timidez y

la reacción... En sus escritos de *La Gaceta* destinados a preparar los espíritus para la celebración del congreso, Moreno exponía un plan político de gran envergadura. Según sus palabras, dicha asamblea, representación de todo el Virreinato, debía asumir facultades constituyentes, ya que «la independencia de las colonias era la consecuencia necesaria de la inevitable pérdida de España». Es de advertir que esa convicción estaba muy extendida... Era también, por lo demás, la opinión de Álzaga."

Finalmente, cabe destacar que el 1° de enero de 1809 marca la primera injerencia directa y decisiva del ejército en la marcha política del país. El ejemplo haría escuela y tendría larga trascendencia, al punto que en el siglo y medio siguiente –a excepción de algunos intervalos– la opinión, presión o intervención de las fuerzas armadas será una constante más o menos aparente, más o menos simulada, y muy difícil de erradicar.

Las Indias dejan de ser colonias

La primera consecuencia de la revolución del 1° de enero fue el desarme y disolución de los cuerpos militares adictos a Álzaga. Eso provocó el decisivo predominio de los Patricios, y su jefe, Cornelio de Saavedra, quedó convertido en el hombre fuerte y árbitro de la situación. Se había demostrado que el único sostén de Liniers eran las bayonetas porteñas, lo que no contribuyó a aumentar la tranquilidad de don Santiago, más preocupado que nunca ante esa circunstancia irrebatible. Absolutista, creía en el valor inconmovible de las jerarquías, y no quería deber su poder a una fuerza de extracción y formación popular sobre la que no podía gobernar, pues sólo obedecía, en último término, a sus propios mandos.

Tampoco las milicias se caracterizaban por la disciplina. Cuerpos de reciente formación, sin experiencia marcial y con un orgulloso sentido de su capacidad, tenían cierta proclividad a olvidar los reglamentos. Belgrano se queja en sus Memorias de esa falencia. No era difícil que, ante la reprensión de un oficial, el subalterno le pegara un levante al superior, desairándolo delante de la tropa. El débil gobierno de Liniers y la confusa situación política favorecieron ese estado, que el Virrey era el primero en deplorar, y también en alentar, para no perder apoyo en los cuarteles. Así, mientras por un lado manifestaba muy en privado que las milicias debían ser desarmadas y reemplazadas por tropas regulares peninsulares, por el otro, mediante un sistema de ascensos y premios, provocaba una plétora de jefes y oficiales, al punto de faltar soldados para obedecer a tan abundantes cuerpos superiores.

Al mismo tiempo, el Virrey acentuaba la ventilación de sus relaciones con *la Perichona*, hasta términos marcadamente vistosos. Salían a pasear juntos por la escandalizada ciudad, y cuando Liniers iba a revistar tropas, lo acompañaba Anita con edecanes propios y un sentador modelito de corte militar. La hermosa francesa era el centro de una verdadera corte, donde la fastuosidad y el derroche estaban a la orden del día. Permanentemente había jaranas nocturnas que sacudían la tranquila calle colonial, a veces de manera provocadora. Por ejemplo, estaba de moda una canción patriótica que clamaba:

¡A la guerra, a la guerra, españoles!
¡Muera Napoleón!
¡Vivan Fernando Séptimo,
la Patria y la Religión!

Anita solía abrir de par en par las ventanas para cantarla con sus amigos, cambiando de lugar los vivas y los mueras, y mandando a otra parte a los españoles, con lo cual, como es de suponer, no aumentaron las simpatías populares hacia ella y el Virrey.

Envuelto en tales problemas, que se sumaban a los económicos, cada día más deteriorados, Liniers recibió el 6 de enero la noticia oficial de que en Aranjuez se había establecido la Junta General Gubernativa del Reino, o Junta Central, como órgano máximo de la administración española. De inmediato fue acatada por todas las autoridades porteñas, y jurada a los dos días; es decir, el 8 de enero. También en enero ocurrió otra peculiar aventura protagonizada por Juan Martín de Pueyrredón. Había sido enviado a España por el Cabildo tras las invasiones inglesas, y allí lo sorprendieron el derrumbe de la dinastía y la intervención napoleónica. En la primera etapa de su misión prescindió de la obligación de informar regularmente al Cabildo que, primero intrigado por su silencio, terminó por atribuirlo a culpable descuido. Cuando el rey José I llamó a Cortes, Pueyrredón fue designado a dedo como diputado americano. Convencido antibonapartista y sabiendo que no podía renunciar, pues sería enviado a la fuerza, huyó de Madrid a Cádiz. Posteriormente se puso a las órdenes de la Junta de Sevilla, e intentó incorporarse al ejército español para luchar; pero la Junta consideró que su persona era más valiosa en el terreno político, y le negó permiso. Entonces mandó una serie de cartas al Cabildo porteño, exponiendo la situación española con toda franqueza y sin disimulos. Señaló el caos producido por la fractura regional de la Península, cada una con su Junta Suprema; destacó su parecer de que España estaba perdida, y que, una vez ocupada por Napoleón, América debía encarar su propio destino. Era lo que pensaban muchos criollos y españoles; pero eran tan directas sus cartas y tan mordaces los comentarios, que aparecieron ante el Cabildo como subversivos.

A fines de 1808, Álzaga solicitó el arresto de Pueyrredón, ya en viaje de regreso. Cuando llegó a Montevideo en los primeros días de 1809, el inefable Elío no perdió tiempo en meterlo preso, ante la gran sorpresa de Pueyrredón, ignorante del porqué de tan drástica medida. En el oscuro episodio es posible que pesaran otros factores no debidamente aclarados; lo cierto es que Elío, obrando con la arbitrariedad que lo caracterizaba, embarcó a Juan Martín de vuelta a España, para ser procesado. Una tormenta obligó a la nave a recalar en Brasil, hecho que aprovechó Pueyrredón para huir. Anduvo en Río de Janeiro unos meses, hasta que, de incógnito, regresó a Buenos Aires.

Y para aumentar los disgustos de Liniers, el mismo Elío envió una nave que liberó de Carmen de Patagones a Martín de Álzaga y otros complotados, llevándolos a Montevideo. Fueron recibidos en triunfo, y llevados en andas hasta el Cabildo.

Del otro lado del mar, la Junta Central ya había abandonado a Aranjuez, para establecerse en Sevilla, desde donde tomó disposiciones de importancia para América. En primer término, el 22 de enero de 1809 dictaminó que los dominios de España no eran colonias, sino "parte esencial e integrante de la Monarquía Española". Esta decisión encerraba suma trascendencia, pues tendía a evitar que Hispanoamérica siguiera el ejemplo español creando juntas locales, puesto que pronto echó de verse que los juntistas españoles eran antijuntistas para América, ya que ello implicaba la posibilidad de una segregación temida en la Península. Desde los tiempos de los Reyes Católicos y mientras gobernaron los Habsburgo, las posesiones ultramarinas fueron incorporadas y mantenidas como dependencias del rey, no de España; vale decir que eran entidades políticas distintas, unidas por la Corona. Bajo los Borbones, el absolutismo colocó a España en un plano de prioridad y precedencia sobre dichas posesiones, que pasaron a ser lisa y llanamente colonias subordinadas, con derechos limitados. Con la caída de los Borbones y la invasión de Bonaparte, España se alzó reclamando los viejos fueros, y cada región reasumió su soberanía. Y lo mismo que hicieron los españoles, consumaron los americanos, con iguales derechos. Más, aún: reverdecieron la vieja tesis al recordar que Hispanoamérica sólo dependía del rey, y que, desaparecido éste, no había razón alguna para obedecer *ipso facto* a cualquier gobierno que erigieran los españoles. En España no gustó nada la postura, ni entre los absolutistas, ni entre los liberales. Buscaron entonces un acomodo jurídico que colocase a América en dependencia de España y no del rey. De allí la decisión del 22 de enero. Que no estaban dispuestos a soltar mucho, quedó decidido en el número de vocales que enviaría cada parte de la monarquía a la Junta Central. Mientras las regiones metropolitanas elegían elevado número de representantes, cada virreinato o capitanía general tendría derecho a uno solo, con lo cual la representación americana se perdería en un montón de vocales peninsulares. Tal vez en España las diferencias entre absolutistas y liberales fueran de fondo; pero en lo que respecta a las extensas posesiones ultramarinas, mostraban franca tendencia al acuerdo.

También la Junta Central tomó cartas en el diferendo entre Buenos Aires y Montevideo, que seguían en guerra civil latiente. Se resolvió remover tanto al Gobernador como al Virrey, convocando al dúo para que presentaran sus informes y descargos. A principios de febrero se ofreció el cargo de virrey del Río de la Plata al almirante Antonio Escaño, quien declinó la distinción. El 11 del mismo mes fue nombrado otro marino, el teniente general de la Real Armada don Baltasar Hidalgo de Cisneros, entonces capitán general de Cartagena y vicepresidente de la junta local. Tenía cincuenta y cuatro años de edad, y una brillante foja con cuarenta años de servicios que culminaron en la batalla de Trafalgar, donde luchó heroicamente, ganando el respeto de los ingleses. Hombre medido, equilibrado, poseía dotes de gobernante, con estricto sentido del deber e intachable honradez personal. Aceptó el cargo por disciplina, lo que produjo hondo disgusto entre sus gobernados de Cartagena, cuyo respeto y admiración había ganado, lo cual habla muy alto del marino, ya que los cartageneros habían despedazado a su antecesor, cuando lo sospecharon bonapartista.

Para dorarle la píldora a Liniers y hacerle más llevadero el relevo, la Junta Central acordó se le recompensara con un título nobiliario y una renta vitalicia, por su actuación en las invasiones inglesas. Cuando el 14 de mayo don Santiago se enteró de la distinción, eligió por título el de conde de Buenos Aires, lo que provocó airadas protestas del Cabildo, que no quería saber nada de señoríos aparentes o reales. En cuanto a Elío, se le nombró reemplazante en la persona del mariscal Vicente Nieto, quien en compañía del nuevo Virrey zarpó de España el 2 de mayo.

Mientras el torrente napoleónico se derramaba por la Península derribando las vallas que le oponían a su paso, un Wellesley, hermano del futuro Wellington, actuaba como embajador inglés en España, y desde su cargo presionaba para lograr beneficios para el comercio inglés, en tanto el representante de la Junta Central en Londres, Juan Ruiz de Apodaca, recibía idénticas exigencias. Ya hemos señalado que el asunto era de vida o muerte para Inglaterra. El bloqueo continental había sido un rudo golpe para las manufacturas isleñas, que se encontraban con enormes masas de producción sin salida, lo que provocó la quiebra consiguiente y una desocupación en alarmante aumento, generadora de un malestar social que podía estallar en cualquier momento. Brasil, ya ganado para el libre comercio, no era suficiente. Era menester sumar a España y sus dominios, para hallar alivio a la situación. Prudentemente, los ingleses empezaron por España. El 14 de enero se firmó un acuerdo entre Apodaca y el ministro Canning, y el 21 de marzo se le agregó un adicional, por el que ambas partes se comprometían a facilitar el mutuo comercio. Ya estaba abierta la puerta de la Península; pronto llegaría el momento de lograr otro tanto en Hispanoamérica.

Rebelión en el Alto Perú

En abril de 1809, el almirante Sidney Smith decidió hacer lo que temiera el representante Molina el año anterior; es decir, mediar en el conflicto entre Liniers y Elío. Con ese fin mandó un emisario para negociar con las partes; pero se equivocó de hombre, ya que seleccionó para tan delicada misión a un turbio personaje apellidado Burke, viejo espía profesional e infatigable intrigante, conocido de sobra en ambas márgenes del Plata. Además de su tarea mediadora, Burke debía reactivar al adormecido carlotismo porteño, que daba muestras de atonía.

Una vez en Montevideo, Burke quiso entrevistar a Elío; pero éste, sabiendo quién era el otro, no se dignó contestar sus pedidos, aunque protestó enérgicamente ante lord Strangford. En Buenos Aires pudo creer que tenía más suerte, ya que el Virrey le concedió audiencia; pero la entrevista fue mucho menos amena de lo que esperaba. También Liniers estaba al tanto de sus antecedentes, por lo cual lo trató sin miramientos, detallándole lo que opinaba de él y concluyendo en que lo consideraba un canalla. Burke salió con la cabeza gacha; pero como en verdad era un canalla, comenzó a maquinar su vengancita contra don

Santiago: hizo correr la voz de la correspondencia Napoleón – Liniers, y una vez a bordo del buque que lo alejaría de Buenos Aires, ya bien seguro, comunicó a Liniers que su amada Anita Perichon había sido la representante del servicio de espionaje inglés en el lecho del Virrey. Desolado, entristecido, profundamente vejado, don Santiago no quiso saber más de ella, y la desterró a Río de Janeiro.

Superando contrariedades, Anita reinició en el nuevo domicilio su gloriosa carrera, y, como no podía ser menos, pronto dio bastante que hablar. Como picaba alto, inició un cálido romance nada menos que con lord Strangford, la figura estelar de Río. Su casa fue una verdadera usina revolucionaria para el Río de la Plata, pasando por sus salones Manuel de Sarratea, Juan Martín de Pueyrredón, Cosme Argerich y el inevitable Saturnino Rodríguez Peña, entre muchos otros. Con su innegable belleza y marcada popularidad en sectores masculinos, además de sus tendencias políticas liberales, terminó malquistada con la princesa Carlota, quien le cobró fuerte aversión. Después de un tiempo, Anita intentó regresar a Buenos Aires; pero se le denegó el permiso. Pasada la Revolución de Mayo, volvió a insistir, y entonces se le permitió entrar. Fue a vivir en una quinta de las afueras, donde desapareció para siempre de la historia.

Volviendo a Liniers, el año 1809 se le mostró desde el principio tan tormentoso como el anterior. Al tiempo que dominaba la revolución de Álzaga en Buenos Aires, comenzaban a encenderse las mechas de la rebelión en el Alto Perú. En enero se recibieron en Chuquisaca la *Justa Reclamación* y el Manifiesto de la infanta Carlota de manera oficial. Sabemos que el brigadier Goyeneche había sembrado a su paso una firme desconfianza al respecto. Reunidas las autoridades, y tras mucho discutir como corresponde a una ciudad de abogados, se elaboró la contestación, rechazando las pretensiones y reiterando lealtad a Fernando VII; pero lo hicieron en forma tan hiriente para la augusta dama, que Liniers devolvió la nota por impolítica, pidiendo se moderaran los términos. Entonces se fueron al otro extremo: le quitaron no sólo agresividad, sino todo contenido afirmativo, reduciéndola a una nota insulsa y opaca. Cuando trascendió la modificación del texto, cundió el descontento, al punto de presagiar un estallido. El arzobispo de Chuquisaca, Benito María de Moxó y Francoli, se alarmó ante el estado de opinión, y comunicó sus temores al Virrey, pidiendo a Francisco de Paula Sanz, intendente de Potosí, que armara tropas, en prevención de lo que pudiera ocurrir.

Sanz se trasladó personalmente a Charcas, para ver qué pasaba. No encontró nada raro, consideró exagerada la alarma del Obispo, y volvió a casa seguro de que el orden no sería alterado. Resultó un mal observador, porque precisamente a partir de entonces los hechos se precipitaron, justificando los temores del Prelado. Bajo la superficie, la corriente de rebelión había seguido su marcha, aumentando presión hasta llegar al estallido. En ello tuvo bastante que ver un joven tucumano de veinte años, Bernardo de Monteagudo, que venía agitando el ambiente con la sospecha de que las autoridades pensaban entregarse a los portugueses por medio de la princesa Carlota. La llegada de Sanz agravó las cosas, y, cuando se alejó, creyeron que iba en busca de refuerzos. Esto fue decisivo. El 25 de mayo de 1809, a las siete de la mañana, se produjo en Chuquisaca una rebelión general. Varios altos funcionarios fueron a parar a la cárcel –entre ellos, el obispo Moxó–, y quedó establecida una Junta donde figuraba Antonio Álvarez de Arenales, militar español de treinta y ocho años, que tendría destacada actuación años después, en la Guerra de Independencia.

De inmediato, Francisco de Paula Sanz se puso en marcha con sus fuerzas para ahogar la rebelión; pero en el camino recibió orden terminante de la Audiencia de no seguir adelante, para evitar choques sangrientos. Sanz obedeció, regresó a Potosí, y, mientras consultaba a Liniers, permaneció a la expectativa.

La noticia de lo ocurrido en Charcas llegó a Buenos Aires el 19 de junio. Días después, el 30 del mismo mes, Baltasar Hidalgo de Cisneros entraba en Montevideo como nuevo virrey del Río de la Plata.

Capítulo VI

El virrey Cisneros

Un gobierno en crisis

Después de la abortada revolución del 1° de enero, todos los problemas que afrontaba el gobierno de Liniers tendieron a agravarse, hasta provocar una situación cercana al colapso. La incapacidad del Virrey para dirigir una administración ordenada ya había quedado abundantemente probada; pero el triunfo sobre Álzaga puso más de manifiesto sus graves falencias. Había quedado prácticamente dueño de Buenos Aires, con la oposición aplastada y el ejército a sus espaldas; pero a pesar de tener en mano todas las riendas del poder, de nada le sirvió para mejorar su gestión. El permanente favoritismo que caracterizaba al Gobierno creó una verdadera corte de aventureros y aprovechados, con la inevitable secuela de corrupciones y peculados. La coima reinaba soberana sobre un comercio arruinado y un contrabando floreciente, que obraba a la luz del día entre ingleses abiertamente radicados en la ciudad y criollos complacientes. Consecuencia directa: el tesoro estaba agotado y las finanzas en quiebra. No había con qué enfrentar compromisos, ni, lo que es peor, con qué pagar a las tropas. Para solventar este último inconveniente, Liniers permitió soluciones abusivas e ilegales. Primero procedió a vender los ornamentos sagrados de las Misiones Jesuíticas conservados en Buenos Aires desde la expulsión de la Compañía; pero como no alcanzó, echó mano de los caudales recaudados para remitir a España en apoyo de la resistencia, y al cabo dejó que los soldados se cobraran por cuenta propia saqueando las casas de algunos grandes comerciantes alzaguistas, en busca de dinero escondido. También cabe señalar que Liniers fue el inventor de los impuestos *por esta única vez*, modalidad que siglo y medio después haría estragos en la Argentina.

El peligro de una invasión inglesa había aminorado, y el de un ataque portugués se veía frenado por la misma Inglaterra, ahora aliada de España; vale decir que se había modificado la principal razón para sostener un cuerpo armado, hipertrofiado y gravoso, que restaba mano de obra, consumía ingentes sumas del presupuesto, y alteraba el orden con su indisciplina. Pero, aunque tales peligros persistieran, las tropas no estaban distribuidas en puntos estratégicos, sino concentradas, acumuladas en el corto radio de la ciudad de Buenos Aires, como guardia pretoriana del Virrey. Era menester una reforma militar que tornara a las milicias más funcionales, aumentara su eficiencia y corrigiera defectos, sobre todo la superabundancia de jefes y oficiales, para acomodarlos al número real de soldados. Pero nada de ello se hizo, porque Liniers no estaba dispuesto a tocar al ejército. Lo sabía árbitro de la situación.

Políticamente, al insoluble problema con Montevideo vino a sumarse el de Charcas. El primero, con su serie de bloqueos y contrabloqueos, deterioró aún más la situación económica. En Montevideo, Elío lo solucionó al disponer la apertura al comercio inglés, basándose en lo dispuesto por el acuerdo Apodaca–Canning para España. Con ello logró equilibrar las finanzas y llevar cierta prosperidad a la ciudad. Liniers, sin animarse a tanto, dejó en libertad al contrabando británico en detrimento de las arcas fiscales. En cuanto a lo de Chuquisaca, quedaba claro que el movimiento podía incendiar a todo el Alto Perú, con imprevisibles consecuencias. El Virrey, se mostraba incapaz de mantener la unidad, y fuera de Buenos Aires las riendas del poder se le escapaban de las manos.

Curiosamente, el estallido de Charcas revitalizó al carlotismo porteño. Decimos curiosamente, porque el carlotismo comenzó a hablar de imitar a los altoperuanos, cuando éstos se habían alzado precisamente en contra de las pretensiones carlotistas. Fue una demostración más del confuso estado político del momento, como también lo era que los enemigos del juntismo, desde antes defensores de Carlota, comenzaran a pensar en juntas como solución. Claro que se habían negado a juntas dirigidas por Álzaga y los poderosos comerciantes; otra cosa sería dirigiéndolas ellos. Uno de los múltiples espías portugueses que pululaban en Buenos Aires, Possidonio da Costa, captó cumplidamente el ambiente, e informó de inmediato a Souza Coutinho. El momento era propicio para el carlotismo, que, como adversario que era de Liniers, hablaba de una Junta Conservadora que desplazara al Virrey y llamara a la Infanta para gobernar como regente. Pero naturalmente, nada de eso sería posible si no se contaba con el apoyo del ejército, hasta entonces leal a Liniers. Desde el 1° de enero, el hombre fuerte era Cornelio de Saavedra, quien había ganado un enorme prestigio, tanto en el pueblo como en las tropas. Possidonio da Costa sugirió al Ministro la conveniencia de *tocarlo*, de dirigirse a él personalmente, para ganarlo al carlotismo.

Souza Coutinho conversó al respecto con la Princesa, y logró convencerla de que escribiera directamente a Saavedra. Tamaña distinción tal vez bastara para atraer al jefe militar, y con él al ejército. El 26 de junio, la infanta Carlota, desde su elevado sitial de princesa reinante y candidata a la regencia de Hispanoamérica, escribió a don Cornelio. Para entregar las cartas en manos del interesado, fue elegido el más destacado carlotista porteño e iniciador del movimiento, don Manuel Belgrano, demostrando con ello que tanto Carlota como el ministro Souza Coutinho estaban mal informados de algunos entretelones, pues una seria rivalidad personal tenía distanciado al abogado del militar. Desde que se eligieron mandos para el cuerpo de Patricios, se abrió la grieta entre ambos: Belgrano aspiraba al cargo máximo, que ganó Saavedra, provocando un franco disgusto, en la certeza de que se había cometido una injusticia.

Pese a todo, y obedientemente, Belgrano se tragó su propia opinión y anunció visita al jefe de los Patricios. Cuando le fue concedida, allá acudió don Manuel con la carta de Carlota y serios temores de ser denunciado a las autoridades por don Cornelio. Pero fue cortésmente recibido y atentamente escuchado. Belgrano se explayó, explicando qué era y qué buscaba el carlotismo. La respuesta de Saavedra fue impagable: "... *signifiqué a Belgrano mi conformidad con sus ideas, mas excusándome de dar la cara para promoverlas ni propagarlas, asegurándole que no sería opositor a ellas y sí me conduciría por el camino que los demás llevasen*". En una palabra, no decía que sí, ni decía que no. No se oponía ni apoyaba, y en último término haría lo que los demás hicieran.

Es curioso, pero don Cornelio negó siempre y rotundamente toda relación con el carlotismo. Incluso se enojaba cuando alguien sugería esa relación. Al escribir sus Memorias años después, al referirse a la acusación que le hiciera Bernardo de Monteagudo de haber escrito a la Infanta, consignó con santa ira: "... *aquella infame calumnia, forjada por el alma de Monteagudo, tan negra como la madre que lo parió*". Y en las Instrucciones para su juicio de residencia, escribió sin que le temblara el pulso: *"... jamás firmé papel alguno relativo a este negocio* [el carlotismo] *y es cierto como de fe que no se verá letra ni firma mía en ningún tiempo"*. Hace mucho que esa letra y esa firma han sido vistas –y en todo tiempo las puede ver cualquiera–, pues don Cornelio no esperó a que se enfriara el sillón donde se sentó Belgrano, para mojar la pluma y escribir, el 17 de julio de 1809, una meliflua carta a Carlota Joaquina, en la que aseguraba *se postra en el más sumiso acatamiento ante V. Alteza Real, suplicándole digne mandar impartirle órdenes que fueran de su agrado...* Así era don Cornelio.

Más allá de su fluctuante carácter y su disgusto a embanderarse hasta no ver claro el vencedor, Saavedra carecía de opinión definida o de ideología determinada, toda vez que, dueño de la fuerza y capitalizando un buen caudal de popularidad, sabía que nada se podría decidir sin su concurso, y que, en último término, él mismo era un sólido candidato al primer lugar. Su acercamiento al carlotismo fue fugaz, pero cierto. Qué ocurrió después, apartándolo, no está bien aclarado. Es posible, como se ha sugerido, que Saavedra intentara copar el movimiento y convertirse en su conductor; habría querido para ello tratar directamente con la Infanta, prescindiendo de Belgrano, cabeza visible del grupo. Como no lo logró, se enfrió su interés, encerrándose en la cómoda expectativa en la que gustaba refugiarse, y en adelante negaría con toda frescura haber sido carlotista en su vida.

En esa época, el carlotismo cobró actividad, asumiendo importancia. Juan Martín de Pueyrredón, el que fuera apresado por Elío y remitido a España, pero fugara en Brasil; de regreso en Buenos Aires fue ganado por Belgrano para la causa de Carlota, y a su vez, desde Río de Janeiro, el ministro Souza Coutinho no dejó de tocar a nadie, buscando posiciones y partidarios en la Capital.

El mismo Belgrano decidió jugar una carta brava, pero prometedora: tratar de convencer al mismo Liniers. Con innegable valentía, ya que podía esperar la cárcel o algo peor, solicitó y obtuvo audiencia del Virrey, en la que planteó la idea del carlotismo para el caso de perderse España, y lo invitó a sumarse al movimiento. Don Santiago rechazó de plano; pero no tomó ninguna medida contra Belgrano, ni lo echó con cajas destempladas. Lejos de ello, mantuvo una amistosa charla sobre temas económicos, en los que Belgrano era versado. Don Manuel le aconsejó que imitara a Elío, abriendo el comercio a los ingleses. De ese modo legalizaría un hecho consumado, lograría sustanciales ingresos de aduana, y podría equilibrar el presupuesto. Liniers se mostró interesado, y solicitó a su interlocutor un informe al respecto. Belgrano le presentó días después una memoria; pero justo en ese momento apareció Baltasar Hidalgo de Cisneros, para gran disgusto de Liniers.

Intento de resistencia a Cisneros

El nuevo Virrey sabía que accedía a un lugar de peligrosa inestabilidad política, donde era difícil conocer las intenciones de nadie. Ni tan sólo sabía si sería acatado. Al principio la Junta Central pensó sumarle quinientos hombres bien armados, por lo que pudiera ocurrir; pero la grave situación española impidió darle ayuda eficaz. De manera que solo, desarmado, apenas provisto de los diplomas del cargo, sin conocer el ambiente, debió afrontar una ciudad rebelde en Montevideo, un Virrey sospechoso de bonapartismo, unas milicias populares agresivas y fluctuantes en Buenos Aires, y no menos de tres sectores o tendencias, en ninguno de los cuales podía confiar. De allí que diera los primeros pasos con pies de plomo y suma prudencia.

Llegó a Montevideo el 30 de junio; pero allí no pasó nada. Fue muy bien recibido, e inmediatamente acatado. Elío le entregó el mando, y la Junta se consideró disuelta. Quedaba el hueso más duro de roer, Buenos Aires. Las prevenciones que Cisneros traía de España, fueron reforzadas por lo que escuchó en Montevideo. La capital era un foco de subversiones, pululante de sospechosos y al borde de la insurrección. En sus instrucciones, Cisneros estaba autorizado para establecerse en la Banda Oriental en tanto fuera aplastado cualquier movimiento porteño que pudiera estallar, de modo que se quedó en Montevideo, y el 6 de julio envió como avanzada a su edecán, para que se entrevistara con Liniers y arreglara el traspaso del mando, que se llevaría a cabo fuera de Buenos Aires.

El edecán se entrevistó con don Santiago, y no hubo inconveniente a la vista, salvo que el francés consideró una afrenta para su persona el tener que salir de la ciudad para delegar el poder. Pero terminó por aceptar, y acordó trasladarse a Colonia para ese fin. Sin embargo, fuera por exceso de confianza, o por simple afán de exhibir baladronadas, al edecán se le fue la lengua. Comentó que Francisco Javier de Elío sería nombrado inspector general de las fuerzas armadas, el cargo militar más alto, lo que era insoportable para cualquier porteño, después de lo ocurrido; y no sólo eso, sino que el nuevo Virrey restablecería las tropas disueltas a raíz de la revolución del 1° de enero, y además dispondría la libertad de don Martín de Álzaga, lo que constituía un panorama intolerable para los comandantes y fuerzas leales a don Santiago en aquella oportunidad. De modo que el buen edecán se las arregló para generar en pocas horas un profundo malestar que abarcaba todos los sectores y grupos porteños.

Menudearon las reuniones de jefes militares. En una de ellas, Juan Martín de Pueyrredón habló directamente de desconocer a Cisneros, e intentó ganar a los otros comandantes. Saavedra pareció convencido y Belgrano se mostró calurosamente de acuerdo. En esas reuniones estuvieron presentes Díaz Vélez, Viamonte, Azcuénaga, Martín Rodríguez, y también los carlotistas Castelli, Paso y Nicolás Rodríguez Peña. Ante la situación creada, el carlotismo modificó anteriores posiciones. Nunca había comulgado con Liniers; pero eligiendo el mal menor, volcó su apoyo en favor de aquél, contra Cisneros. Don Santiago debía seguir al frente del gobierno, repudiando los títulos del nuevo Virrey.

Cuando Liniers se enteró de lo que se tramaba, se asustó, y desautorizó toda acción en tal sentido. Incluso amenazó con suicidarse. Absolutista inconmovible, no estaba dispuesto a tolerar ningún movimiento de desobediencia, así fuera en su favor, y en una entrevista formal con Belgrano –que sin duda era el que más sacaba la cara– rechazó toda posibilidad de desobediencia a Cisneros, provocando esta triste reflexión de su interlocutor: *"... conocí que Liniers no tenía espíritu, ni reconocimiento a los americanos que lo habían elevado y sostenido, y que ahora lo querían de mandón..."* En cuanto a Pueyrredón, cuando supo la actitud del ex Virrey, se desató en su contra, llamándolo *tilingo*.

Los carlotistas, desencantados, quisieron seguir adelante sin Liniers. Imitar a Charcas, erigir una Junta Conservadora, y llamar a Carlota para ocupar la regencia. Allí titubearon los jefes militares. Con Liniers, tal vez la cosa hubiera sido viable; sin Liniers, el asunto cambiaba de color, temiendo llegar demasiado lejos. También en algunos jugaba el temor de perder sus cargos. En las reuniones abundaron los roces y se intercambiaron gritos. En una de aquéllas, realizada en casa de Pueyrredón, el siempre indeciso Saavedra pareció inclinarse a la resistencia en contra de Cisneros; pero frente a la oposición de algunos jefes –sobre todo, Pedro Andrés García– y la apatía de otros, se apresuró a meter violín en bolsa, dando marcha atrás. Terminó oponiéndose a todo intento de resistencia, con lo cual mataba la mera posibilidad de revolución. Después explicaría en sus Memorias que *"se hicieron varias reuniones, se hablaba con calor de estos proyectos y se quería atropellar por todo. Yo siempre fui opositor a estas ideas. Toda mi resolución o dictamen era decirles: «Paisanos y señores, aún no es tiempo»… y cuando los veía más enardecidos… volvía a contestarles: «No es tiempo, dejen ustedes que las brevas maduren y entonces las comeremos». Algunos demasiado exaltados llegaron a desconfiar de mí creyendo era partidario de Cisneros…"*

Belgrano salió de esa reunión descorazonado y abatido: *"… no es posible que semejantes hombres trabajen por la libertad del país"*. Había captado que a buena parte de los asistentes sólo les interesaba conservar sus cargos, su sueldo y su *status*. Tanta razón tenía Belgrano, que esos mismos jefes se apresuraron a designar a Martín Rodríguez y a Cornelio de Saavedra para salir al encuentro de Cisneros en Colonia, mientras Liniers se comprometía a gestionar la estabilidad y mantenimiento de dichos jefes, a cambio de la obediencia.

Cisneros en el poder

El mismo día en que el Virrey mandó a su edecán a otear el horizonte porteño, en Europa se desarrollaba la batalla de Wagram, en la que Napoleón aplastó una vez más a la coalición continental contra su poder. Con ello quedaban cubiertas sus espaldas, mientras se dedicaba de lleno a España. La victoria dejaba disponible a casi medio millón de veteranos soldados franceses, que de inmediato se pusieron en marcha hacia la Península, cuyas horas parecieron como nunca contadas.

El 12 de julio, Cisneros llegó a Colonia. Allí recibió el acatamiento de la Audiencia y del Cabildo porteño. Sabiendo que en Buenos Aires se llevaban a cabo febriles reuniones de jefes militares y destacados civiles, con francas ideas de no reconocerlo, decidió tomar al toro por las astas, y mandó al mariscal Vicente Nieto para hacerse cargo del mando militar de la ciudad. El 20 de julio, Nieto estaba en la Capital. Al instalarse en el Fuerte, halló que Liniers, ofendido, se había retirado llevándose hasta los muebles, incluida la batería de cocina, sin dejarle una mala silla donde sentarse, ni una olla donde preparar la comida. Tuvo que pedir auxilio al Cabildo, que rápidamente proveyó una suculenta mesa al Mariscal. Solucionado el percance, convocó a Cornelio de Saavedra y a Pedro Andrés García, encerrándose con ellos en larga plática. Se ignora de qué hablaron; pero es fácil deducirlo, por la actitud posterior de los jefes. Ninguno fue removido, ninguno se opuso a Cisneros. El siguiente paso fue detener a Juan Martín de Pueyrredón, que otra vez se vio privado de la libertad y encerrado en el cuartel de los Patricios, sin que nadie moviera un dedo para evitarlo. Sin embargo, las deliberaciones de los jefes continuaron, ahora en la misma celda de Pueyrredón dentro del cuartel, por lo cual Nieto ordenó trasladarlo a otro lugar más seguro. Cornelio de Saavedra se opuso terminantemente, amenazando con la fuerza y saliendo personalmente como garantía del prisionero. Lo dejaron. Horas después huía del cuartel, pasando al Brasil con la ayuda de Belgrano, y llevando cartas de éste y de Contucci para Carlota Joaquina.

El 25 de julio, Liniers llegó a Colonia, presentándose a Cisneros. Mantuvieron una larga entrevista de tres horas. Los dos Virreyes se conocían de mucho tiempo atrás, desde la campaña de Argel en 1785, durante la cual trabaron amistad, a punto de tutearse. Al reencontrarse, Cisneros calibró bien a su viejo amigo. Todos los truculentos informes que tenía sobre el francés, sus veleidades de independencia y sus turbios manejos, eran pura fantasía. Ante él tenía a un hombre incapaz, pero bien intencionado. Un hombre sencillo, tal vez envanecido por su rápido encumbramiento, pero de ningún modo un revolucionario. Por ello lo trató con toda consideración, y en vez de remitirlo a España, como tenía prescrito, le permitió que se fuera al Interior, para tomarse una temporada de descanso.

Con los jefes militares, Cisneros desplegó la misma prudencia, aceptando el condicionamiento impuesto por dichos jefes. Nadie sería removido, respetándolos en cargos y sueldos. Los regimientos europeos alzaguistas no serían restablecidos. Elío no sería nombrado inspector general de las fuerzas armadas. De ese modo, don Baltasar pudo pasar a Buenos Aires; pero en adelante quedaría sujeto al condicionamiento, vigilancia y gracia del sector militar.

El 29 de julio, el Virrey hizo su entrada en la Capital, en medio del delirio popular. Fue una entrada grandiosa, multitudinaria, en medio de algazara y alegría. Profundamente amargado, Manuel Belgrano fue testigo de tales exteriorizaciones, y, como solía hacerlo cuando le disgustaban las cosas en la ciudad, se fue a ahogar penas en la Banda Oriental.

En cuanto a Pueyrredón, experto en cárceles y fugas, llegó a Río de Janeiro y se puso en contacto con Souza Coutinho. Pero fue dejado de lado con desconsideración. Como señala Carlos A. Pueyrredón, había razones para que don Juan Martín no fuera recibido con los brazos abiertos. Era rechazado por los ingleses por su actuación en la Reconquista. Le desconfiaban los afrancesados, por haberse negado a ser diputado en Bayona. Era sospechoso de bonapartismo para los alzaguistas; la infanta Carlota lo consideraba un peligroso promotor de la independencia y, para colmo, llevaba dos prisiones políticas con dos evasiones, que no contribuían a aumentar su prestigio en el *establishment*. Lo anterior, unido a que la Princesa no daba señales de pasar a Buenos Aires, retrajeron sensiblemente a los carlotistas. La opinión *empezó a resfriarse,* como dice Saavedra, y los carlotistas buscaron soluciones por otro lado.

Para completar el naufragio del carlotismo, por ese tiempo fue relevado el almirante Sidney Smith, su entusiasta campeón. Era una sonora victoria de lord Strangford, que lograba sacarse de encima a un molesto rival en la Corte portuguesa. En adelante, Strangford llevaría la voz cantante en Río, sin contradictores, y ya sabemos de su actitud francamente hostil a las pretensiones de la Infanta. Asimismo, el 27 de agosto fue recibido en Río de Janeiro el flamante embajador español, marqués de Casa Yrujo. Las apetencias de la Corte portuguesa sobre la América española habían inducido a la Junta Central a enviar a Río un plenipotenciario que se cruzara en tales propósitos, e hiciera valer los derechos nacionales. En las instrucciones, se prescribía al Marqués que evitara toda intromisión portuguesa en Hispanoamérica, vigilara a los agentes que desde Río manejaban intereses en el Plata, y desalentara las pretensiones de la infanta Carlota Joaquina. También varió la situación en Buenos Aires, enfriando sensiblemente a los partidarios de la Princesa. Puede decirse que la llegada de Cisneros y el reordenamiento político consecuente resultaron un golpe fatal para el carlotismo, que ya no recuperó el antiguo vigor, languideciendo hasta desaparecer por consunción.

Fin de la rebelión altoperuana

La situación política era lo primero que debía resolver el nuevo Virrey. Arregladas las cosas en Montevideo con la disolución de la Junta, en el Alto Perú, por el contrario, tendían a agravarse. El movimiento de Charcas había conmovido seriamente a todo el norte del Virreinato, con tendencia a expandirse. Dos semanas después de llegar Cisneros al Plata, ocurrió un segundo estallido en La Paz, donde el ambiente estaba altamente caldeado desde que pasara por allí el brigadier Goyeneche. Un sacerdote tucumano, primo de Bernardo de Monteagudo, llamado José Antonio de Medina, tomó el mando de la inminente rebelión, que estalló el 16 de julio. Se erigió un Congreso Representativo de los Derechos del pueblo, o Junta Tuitiva, con facultades legislativas, y una Junta Gubernativa a cargo del ejecutivo. A la inversa de lo ocurrido en Chuquisaca, cuya conmoción fue eminentemente conservadora, lo de La Paz constituyó una revolución en serio, más avanzada, poniendo en tela de juicio las estructuras sociales y políticas vigentes, y de allí que el carácter de la represión asumiera particularidades también distintas.

El fracaso de la revolución en Buenos Aires para resistir a Cisneros selló la sentencia de los movimientos altoperuanos. En un momento dado, todo el Alto Perú estuvo a punto de alzarse; pero tanto en Charcas como en La Paz los conductores de la rebelión carecieron de empuje y agresividad para expandir el movimiento, limitándolo a los puntos de emergencia. No supieron aprovechar las ocasiones propicias que se presentaron en los primeros días, contentándose con el triunfo inmediato, y dando tiempo para reaccionar y asumir la ofensiva a sus enemigos. Dejaron pasar la magnífica oportunidad de la llegada de

Cisneros y los primeros momentos de indecisión, y en adelante comenzaron a perder terreno, en primer lugar por las luchas internas que se desataron entre los revolucionarios, lo que permitió la formación de guerrillas antijuntistas y el estallido de la guerra civil. Uno de los principales actores fue el obispo Remigio de la Santa Ortega, apresado por los revolucionarios de La Paz. Logró huir, y en adelante se convirtió en organizador y conductor de las guerrillas más peligrosas y activas contra los rebeldes. El Prelado usaba tanto las armas de este mundo como las del otro. Furioso, excomulgaba a diestro y siniestro, metiéndose incluso en el Paraíso. Dicen que, dominado por santa ira, llegó a excomulgar a la Santísima Virgen del Carmen, por haber sido proclamada protectora de los revolucionarios.

A su vez, la indecisión de los juntistas fue aprovechada por el virrey Abascal del Perú. Ante la situación del vecino Virreinato, cabalgando entre Liniers saliente y Cisneros entrante, no dudó en intervenir fuera de su jurisdicción. Mandó una fuerza de represión que puso al mando del mismo Goyeneche, principal responsable de la rebelión, con instrucciones estrictas y contundentes. En octubre, el pintoresco brigadier entró en el Alto Perú, iniciando la ofensiva. Los revolucionarios de La Paz, desavenidos, peleados entre sí, anarquizados, no pudieron oponer una resistencia medianamente coherente. Fueron derrotados el 25 de ese mes en Chacaltaya. Se iniciaron negociaciones para concluir la lucha honorablemente, y al amparo de ellas Goyeneche entró en La Paz. Fue una imprudencia de los revolucionarios. Una vez dentro, el arequipeño olvidó la palabra dada, violó sin escrúpulos todo acuerdo, encerró a los jefes revolucionarios, y aplastó sin misericordia los últimos focos de rebelión. La violencia que empleó el ex carlotista culminó con la ejecución de los jefes revolucionarios de La Paz.

En cuanto a Charcas, Cisneros envió para dominarla una fuerza al mando de Vicente Nieto, que debía unirse a las de Francisco de Paula Sanz, de Potosí, para obrar conjuntamente. Pero la dureza empleada por Goyeneche en La Paz rindió frutos. Los sublevados de Charcas se sintieron desfallecer, y buscaron la manera de salvar lo posible del naufragio. Al acercarse Nieto y Sanz, se rindieron sin oponer resistencia, y fueron mucho más moderadamente tratados por los enviados del Virrey. Así terminó la rebelión altoperuana, que por un momento pudo expandirse al resto del Virreinato. Fue un triunfo de la línea absolutista; pero la violenta represión de Goyeneche significó para Cisneros, que la aprobó, una apreciable pérdida de prestigio. Naturalmente, no era el Virrey el principal responsable de los desmanes; pero en Buenos Aires –donde la noticia de lo ocurrido produjo una pésima impresión– fue considerado el principal culpable, lo que habría de tener singular importancia en los meses siguientes.

La apertura del comercio

El estado económico del gobierno que recibía Cisneros era francamente desastroso. Los enormes gastos realizados por Liniers, tanto para sostener un abultado ejército como para atender a su desordenada gestión, habían provocado un desequilibrio angustioso en las arcas, muy difícil de superar. Los sueldos llevaban varios meses impagos, hacía tiempo que ningún proveedor cobraba un peso, y los compromisos estaban por cubrir. En tal situación, no había posibilidad alguna de obtener préstamos, y eso no tardó en comprenderlo el nuevo Virrey. Era menester devolver un poco de orden, y buscar recursos por los carriles ordinarios.

Las causas de la crítica situación –además de la ineptitud de Liniers– las hemos adelantado: debido a las guerras con Inglaterra, el comercio había caído a pique, quitando los ingresos de aduana, que eran el principal recurso del Gobierno. Pero si cayó el comercio legal, floreció con esplendidez el ilegal. El contrabando no era nuevo en el Río de la Plata. Constituía casi un elemento tradicional; pero cuando la Corte portuguesa se trasladó a Río de Janeiro y abrió el Brasil al comercio inglés, ese contrabando alcanzó proporciones teratológicas, soportado a ciencia y paciencia por Liniers y por todos aquellos que medraban con el tráfico ilegal. Cisneros se encontró con una cantidad de comerciantes ingleses establecidos en Buenos Aires sin permiso, a la luz del día y sin que nadie los molestara. De manera que el Virrey decidió legalizar una situación irregular, pero que contenía la posible solución para la aguda crisis financiera.

El viejo y mentado monopolio comercial español –monopolio que, además, era empleado por toda potencia con posesiones coloniales– hacía tiempo que era un recuerdo del pasado. Pudo mantenerse mientras España fue una potencia naval. Cuando ese poderío cedió, debió adecuar el comercio a nuevas circunstancias y necesidades, diluyéndose a medida que otras naciones –especialmente, Inglaterra– se hacían dueñas de los mares. Ya en 1776 se había acordado que las colonias podrían comerciar entre sí, y en 1778 se autorizó a Buenos Aires para que recibiera mercancías provenientes de la Península para ser distribuidas por el resto del Continente. Naturalmente, había una falla fundamental e insoluble. España no exportaba mercaderías propias, sino de otros países europeos, constituyendo –por su falta de manufacturas– un mero intermediario entre los países productores y sus colonias, con el consiguiente encarecimiento; situación que a su vez provocó un auge del contrabando, que eliminaba al intermediario. Cuando en 1789 el Gobierno de Madrid quiso solucionar el problema prohibiendo la introducción de artículos británicos en las colonias, sólo consiguió agravarlo, ya que el contrabando creció vertiginosamente, y los barcos ingleses siguieron apareciendo, ahora con bandera norteamericana.

En 1797 estalló la guerra entre España e Inglaterra, quedando comprometido severamente el intercambio entre América y la Metrópoli. Ya no era posible pensar, ni de lejos, en monopolios de ninguna especie, por lo cual España permitió que sus colonias comerciaran con naciones neutrales. A principios de siglo se firmó la paz; pero el comercio siguió, y, cuando nuevamente estalló la guerra en 1804, en Trafalgar se hundió el último vestigio de la presencia de España en los mares. Antes de aparecer los ingleses frente a Buenos Aires en 1806, bien puede decirse que el Río de la Plata comerciaba con casi todo el mundo, menos con España, y que era menester ajustar las disposiciones vigentes a esa nueva realidad. Tal fue la tarea de Cisneros.

El Virrey debía de conocer el adicional del tratado Apodaca – Canning, que permitía el libre comercio de los ingleses en España, de modo que en él poseía una base para aplicar al Río de la Plata. Tampoco desconocía la gestión de Elío, que, al abrir el comercio, había aliviado la situación económica de Montevideo. Que los británicos esperaban alguna disposición favorable del Virrey, se demuestra con la presencia de una serie de navíos ingleses que, llegados tras la estela de la nave de Cisneros, quedaron a la expectativa en el río, con sus bodegas repletas de mercancías. Y para sumar indicios, tras la llegada del Virrey, los comerciantes ingleses ilegalmente establecidos en Buenos Aires no tardaron en dar señales de vida.

El 16 de agosto de 1809, los señores John Dillon y John Thwaites elevaron al Virrey un pedido de autorización para desembarcar las mercancías de un buque procedente del Brasil, donde no había podido efectuar la descarga, por estar el mercado saturado de productos ingleses. Naturalmente, estaban dispuestos a pagar los derechos correspondientes. Si se tiene en cuenta que estos señores estaban habituados a desembarcar sin permiso de nadie y sin pagar nada, el pedido es sintomático: se le abría la puerta al Virrey para que acordara la legalización del comercio inglés. Cisneros tenía los precedentes de Elío y el acuerdo Apodaca – Canning, y además estaba facultado para resolver por su cuenta; pero quiso pisar sobre firme y compartir responsabilidades. Consultó al Consulado, a la Audiencia y al Cabildo, dejando claramente expresada su posición, favorable a la legalización de ese comercio con una nación aliada. El Consulado pidió parecer al síndico Manuel Gregorio Yaniz, cuyo informe, lúcido y profético, fue opuesto a la medida. Predecía con acierto que la apertura del comercio, abarrotando el mercado de manufacturas baratas, arruinaría las artesanías del Virreinato, y, como no había productos locales para canjear por ellas a precio equivalente, provocaría la fuga al exterior de metales preciosos. Sin embargo, y a pesar del informe de Yaniz, el Consulado aprobó la propuesta de Cisneros, si bien sujetando dicho comercio a un reglamento, del que agregó un proyecto. Así fue elevado al Virrey el 4 de setiembre.

En cuanto al Cabildo, el trámite resultó más agudo. Hubo ásperas controversias y largas discusiones; pero al cabo también aceptó, en consideración a las excepcionales circunstancias y con limitaciones, pues solicitaba se prohibiera la importación de mercancías que compitieran con los productos del Virreinato. El 12 de setiembre estuvo el dictamen en el despacho de Cisneros.

El apoderado del Consulado de Cádiz, principal afectado por la medida, Miguel Fernández de Agüero, se pronunció en contra, produciendo un informe con muchos puntos de contacto con el de Yaniz. Veía con claridad que con los productos locales –esencialmente, cueros y sebos– no podrían pagarse las importaciones inglesas, lo que provocaría inevitablemente la fuga del oro y de la plata.

Salvo esas dos excepciones, los informes que tenía el Virrey a su disposición eran favorables a la apertura del comercio, y tuvieron decisiva influencia en la resolución final. Sin embargo, por uno de esos mitos surgidos a contrapelo de la historia, el mérito y la gloria se lo llevó un documento que no sólo no influyó en absoluto sobre Cisneros, sino que, conceptual y formalmente, es uno de los más pobres entre todos los presentados.

El 6 de octubre se elevó un estudio, sin firma, en representación de los hacendados y labradores. Fue entregado por un procurador de nombre José de la Rosa, muy ligado a Belgrano. El documento, al solicitar la apertura del comercio, era una respuesta directa y por momentos mordaz, a los dictámenes de Yaniz y Agüero. La *Representación de los Hacendados* ha figurado por mucho tiempo como piedra angular del librecambio en el Río de la Plata, como motivación eficiente y directa de la Revolución de Mayo, y para presentar a Mariano Moreno como economista. Hace tiempo que está demostrado que no es cierta ninguna de las tres suposiciones. Diego Luis Molinari, en un trabajo hoy clásico, probó definitivamente que la *Representación* no tuvo en absoluto ninguna influencia en los hechos revolucionarios de Mayo. Por lo demás, la participación de Moreno en la elaboración del documento –que no firmó, como hemos visto– fue en condición de abogado, que lo era y prestigiado, y no en carácter de economista, que nunca pretendió ser. Hay firmes sospechas de que el verdadero autor fue Manuel Belgrano, dedicado a la economía, y que, a pesar de ser abogado, no ejercía la profesión. Belgrano había preparado una Memoria para el virrey Liniers, propiciando la apertura del comercio. La llegada de Cisneros impidió que dicho trabajo fuera elevado; pero indudablemente el autor lo conservó. Cuando Cisneros inició consultas sobre este aspecto económico, hay razones para creer que Belgrano lo puso a disposición de los hacendados, a cuyo cuerpo pertenecía. No lo presentó bajo su nombre, en razón de ser opositor a Cisneros, y habría sugerido el nombre de Mariano Moreno, por su solvencia profesional y nombradía de letrado. El papel de Moreno se limitó a dar forma final al escrito, aunque se conservaron intactos hasta los giros literarios característicos de Belgrano, y presentarlo en nombre de sus clientes.

Es el menos realista de los escritos elevados a Cisneros, con marcada tendencia a perderse en citas de autores europeos, con preferencia a los datos concretos del Río de la Plata, poniendo de relieve la principal aspiración de los hacendados, que consistía en vender sin trabas sus productos primarios y comprar barato las manufacturas que necesitaban, con prescindencia de la economía general del Virreinato. Era pura y simplemente la aspiración del puerto y su *hinterland*, mientras que los informes de Yaniz y Agüero tenían en cuenta a todo el Virreinato, globalmente, como una sola entidad político–económica. Estos eran expresión de una economía que hoy llamaríamos nacional; la *Representación* era la visión local de un reducido grupo de productores, que colocaba al país en inevitable dependencia de la potencia que comprara esas materias primas a cambio de sus productos elaborados.

Tampoco es cierto que la *Representación* sea un monumento al librecambio. Al igual que los otros informes, aceptaba la apertura del puerto como medida de excepción, con carácter provisional, fijando un plazo máximo de dos años para su vigencia. Al mismo tiempo proponía algunas tarifas protectoras para ciertos productos altoperuanos, y finalmente destacaba que las mercancías extranjeras no debían ser distribuidas por comerciantes extranjeros, sino consignadas a firmas españolas. Lo cierto es que en los estudios posteriores para llegar a una conclusión, la famosa *Representación* no fue tenida en cuenta. Que más tarde la tradujeron al portugués y al inglés, porque favorecía las tendencias comerciales portuguesa e inglesa, no quita ni agrega nada al hecho real de que en su momento careció de influencia y trascendencia.

Reunidos los informes, Cisneros convocó a una junta consultiva el 2 de noviembre, con el fin de que se expidiera, y, en caso favorable, reglamentara el comercio. Como la mayoría de los dictámenes era propicia a la apertura, la decisión de la Junta estuvo de acuerdo. La resolución final la redactó Juan José Castelli, aceptando la introducción de mercancías extranjeras, siempre y cuando estuvieran consignadas a comerciantes españoles. Los artículos competitivos para los productos del país serían gravados con un recargo del 12 por ciento, quedando prohibida la introducción de vinos, vinagres y aceites, negándose todo permiso para extraer oro o plata del Virreinato. El 6 de noviembre, Cisneros estampó su firma poniéndolo en vigencia, e inmediatamente las cosas empezaron a andar mal.

Los comerciantes ingleses establecidos eran aventureros rapaces, con un concepto muy elástico de la ética. Exigieron el pago de las mercancías en metálico, y se produjo lo previsto, con una vertiginosa fuga de metales preciosos. Además, por cada buque descargado legalmente, dos lo hacían sin pasar por la aduana, estafando prolijamente al fisco. Tan descarada fue la violación de los reglamentos, que un mes después, en diciembre, Cisneros perdió la paciencia y decretó la expulsión de los comerciantes ingleses, dándoles ocho días de plazo para que juntaran sus cosas y se mandaran mudar. De inmediato se alzó una algarabía entre los damnificados, que se rasgaron las vestiduras, alegando que en ese lapso no podrían vender las mercancías que tenían en depósito. Sobre Cisneros comenzaron a gravitar presiones de toda índole para que revisara la medida; pero de aquéllas, dos fueron decisivas: la del señor Bentick Cavendish Doyle, comandante de una fragata de guerra inglesa surta en el puerto, que protestó en nombre de sus connacionales, y sobre todo la de lord Strangford, que se apresuró a enviar una nota confidencial al Virrey, dejando ver cortésmente su disgusto y amenazando veladamente con otro tipo de intervención. Don Baltasar no tuvo más remedio que ceder, y acordó una prórroga de cuatro meses. El plazo vencería el 19 de mayo de 1810, precisamente el día en que se puso en marcha la Revolución.

Capítulo VII

Las brevas maduras

El gobierno de Cisneros

Una vez organizado, más o menos racionalmente, el triste estado económico del Virreinato, Cisneros se debió enfrentar con otra pesada herencia de los tiempos de Liniers: el hipertrofiado ejército, con abultados cuadros de jefes y oficiales. Desde ya, era un punto urticante, puesto que con las milicias en contra no podría gobernar. Constituían una masa que superaba los siete mil hombres, bien armados, bien pertrechados, y muy convencidos de su propio poder, después de haber derrotado dos veces a los ingleses, depuesto a un virrey, proclamado a otro, y haber estado en un tris de rechazar al mismo Cisneros. El Virrey apenas contaba con una pequeña fuerza propia, más simbólica que real, que de ningún modo podría oponer a los regimientos criollos. Sin embargo, supo deshilvanar la madeja sin provocar roces y superar el dilema sin grandes dolores de parto, ayudado por la circunstancia de que la necesidad de una reforma militar era patente hasta para los jefes. Basado en ello y en la urgencia de proceder con estricta economía, logró reducir las fuerzas a la mitad, dejándolas en 3.400 hombres y achicando apreciablemente el cuerpo de oficiales. Hubiese querido una reducción mayor, pues aún seguían siendo demasiados, frente a los 600 soldados que tenía a sus órdenes; pero no pudo más sin caer en extremos peligrosos. También suprimió los nombres regionales de los escuadrones, reemplazándolos por números, con el fin de paliar emulaciones y superar rencores localistas. Sin duda, sacó el máximo provecho posible de las circunstancias, tal como estaban dadas.

El tercer punto a solucionar se refería a las personas con negativa influencia en el panorama político. En diciembre arregló el asunto de su antecesor, el virrey Sobre Monte, quien seguía arrumbado en las afueras de la ciudad y totalmente desacreditado, pero que podía ocasionar molestias con su presencia. Lo mandó a España. Allí el Marqués fue juzgado, absuelto, premiado y colmado de honores. Integró el Consejo de Indias, enviudó, volvió a contraer matrimonio a los setenta años, y murió octogenario en 1827.

En enero de 1810, siguiendo con la campaña de limpieza, el Virrey se sacó de encima a Francisco Javier de Elío. Lo había nombrado gobernador de Montevideo; pero casi de inmediato se arrepintió. Si en aquella ciudad era querido, en Buenos Aires era sólidamente impopular, y las milicias consideraban una afrenta su presencia en el Río de la Plata. Tratando de eliminar espinas irritativas, Cisneros lo reemplazó, remitiéndolo también a la Metrópoli. Fue un gran disgusto para don Francisco Javier. Ni siquiera esperó al sucesor. No se despidió de nadie, y se fue de un portazo. En España tuvo menos suerte que Sobre Monte. Cuando se supo la deposición de Cisneros y el establecimiento de una junta en Buenos Aires, el Consejo de Regencia lo nombró virrey del Río de la Plata y lo mandó de vuelta, llegando a Montevideo en enero de 1811 con la decisión de aplastar a la revolución, propósito que quedó en mera expresión de deseos. Fue tan lamentable su conducción política y militar, que a fin de año lo llamaron de España. Allí luchó contra los franceses, fue nombrado gobernador y capitán general de Valencia, donde obró con su acostumbrada dureza y bravuconería contra los liberales, manteniéndose lealmente adscrito al absolutismo de Fernando VII. Al estallar la revolución liberal de 1820, fue depuesto, apresado, sumariamente juzgado, degradado y condenado a morir por estrangulación lenta en el garrote. Así, este navarro apasionado y violento, pero intensamente leal, murió en el cadalso con el mismo valor que demostró toda la vida. De ese modo desapareció el duodécimo y último virrey del Río de la Plata.

Del que no pudo librarse Cisneros fue de Liniers. Tras el permiso acordado para trasladarse al Interior, fue demorando la partida a España, pese a las órdenes en ese sentido, provocando el disgusto del Virrey. Al cabo quedó convenida la fecha, y don Santiago se dispuso a partir. Ya tenía el equipaje listo, cuando llegaron a Córdoba noticias de la Revolución de Mayo. La suerte le jugó una carta brava a Liniers. Fiel a su pensamiento absolutista, quiso marchar contra esa Junta que presidía su antiguo amigo y sostén, don Cornelio de Saavedra. Sabido es el resto. En Cabeza de Tigre, un pelotón de fusilamiento puso fin a la vida de aquel oscuro marino francés que llegó a gozar de la gloria y el poder.

Quedaba otra persona por ubicar; pero con ésta, el camino que debía seguirse era distinto. En primer término, era cabeza de partido, y en segundo lugar, conservaba un sólido prestigio que era menester tener en cuenta. Se trataba de don Martín de Álzaga, frustrado revolucionario del 1° de enero y jefe del juntismo porteño. La derrota y la cárcel no habían mellado su influencia, y al estar en el ánimo de Cisneros la idea de un avenimiento de partidos, limando aristas y asperezas, dedicó al asunto preferente atención. Otro hecho debió pesar en su determinación: el mismo Cisneros era juntista, y como tal había integrado la Junta de Cartagena, de modo que estaba en condiciones de

interpretar y comprender la posición de don Martín. Sobre éste pesaba un proceso por independencia. El Virrey convocó a
dos abogados para que lo asesoraran. Ambos letrados eran criollos y, además, alzaguistas: Mariano Moreno y Julián de Leiva,
cuyo dictamen, por supuesto, fue favorable al ex Alcalde de primer voto. El 1° de enero de 1810, exactamente al año de la revolución, Cisneros sobreseyó a los inculpados, y una semana
después, el 8, llegaban a Buenos Aires Martín de Álzaga y sus
compañeros, siendo recibidos con todos los honores por el Virrey en persona y los capitulares, en el edificio del Cabildo.

Era un verdadero triunfo para Álzaga; pero engendró una
serie de resquemores entre los otros sectores, que vieron con
disgusto el regreso de don Martín. Especialmente entre los jefes militares cundió el malestar, y si bien no tomaron medida alguna, puede señalarse la llegada de Álzaga como el momento en
que las milicias comienzan a apartarse del Virrey, para tomar
distancia y quedar a la expectativa, circunstancia que obraría
contra Cisneros en el mes de mayo.

En cuanto al carlotismo, el Virrey también lo encaró con
prudencia, aunque con menos complacencia. No inició persecu-
ción alguna, dejó en libertad a las cabezas del partido, e incluso
intentó un acercamiento con el principal de ellos, Manuel Belgrano, al que encomendó la preparación de un periódico, el *Co-
rreo de Comercio, que* se publicó en los primeros meses de 1810.

Contra quien tomó medidas fue con los agentes portugueses, que en mayor o menor grado estaban vinculados al carlotismo. El 25 de noviembre de 1809 creó el Juzgado de Vigilancia
Política para investigar, poner en vereda y expulsar a tales espías.
Y nadie puede reprocharle la medida en un momento incierto
como el que atravesaba Hispanoamérica, y con Buenos Aires
pululante de agentes de todo tipo, que espiaban e informaban

casi a la luz del día. Tan pronto como se publicó el decreto, una serie de personas se esfumaron silenciosamente. De pronto, Guezzi, Felipe Contucci, Possidonio da Costa y otros hallaron urgente necesidad de viajar al exterior. Entonces nuevamente se cruzó en el camino de Cisneros el embajador inglés en Río de Janeiro. Lord Strangford manifestó al Virrey su disgusto por la medida, considerada represiva. De ningún modo ello implica que se hubiera convertido en ángel tutelar del carlotismo, ni que quisiera tender sus alas protectoras sobre la gavilla de aventureros e intrigantes portugueses que medraban en la capital rioplatense. Tampoco significaba que fuera un campeón de la libertad individual, mancillada por una vil tiranía. Más sencillo que eso. Ocurría que en Buenos Aires había también espías ingleses, automáticamente sujetos a la represión del nuevo juzgado. Cisneros debió tragarse lo que pensaba, y aflojar las riendas. En adelante, el nuevo organismo no pasó de ser un elemento decorativo, sin función real, gracias a lo cual volvieron prestamente los portugueses, y siguieron ejerciendo con entusiasmo su vocación de deslizarse en las entretelas del proceso político.

Finalmente, el 1° de enero de 1810 se eligió el nuevo Cabildo para ese año. Su composición fue una clara expresión de los deseos del Virrey en buscar un avenimiento de tendencias. Presidido por un criollo, Juan José Lezica, guardaba equilibrio entre sus miembros: cinco criollos y cinco peninsulares.

El derrumbe de España

Pero la suerte final del Río de la Plata, y de toda Hispanoamérica, habría de jugarse en España. Desde mediados de 1809, las tropas inglesas dominaban buena parte de Portugal, mientras que Galicia y Andalucía resistían a los franceses. Dividida de ese modo la Península, por unos meses hubo una suerte de *impasse*, mientras Napoleón solventaba en otros escenarios bélicos su enfrentamiento con las potencias europeas. El 27 de julio, las fuerzas de sir Arthur Wellesley, comandante inglés, chocaron con las del mariscal Soult, al mando de los ejércitos napoleónicos en España. Fue un encuentro indeciso; pero hacía tanto que los aliados no le tomaban el gusto a algo parecido a la victoria, que aquello se consideró un triunfo singular, sirviendo para levantar la moral de los españoles e ingleses, al tiempo que se aplastaba la de los franceses, deprimidos por la larga y feroz lucha en esa Península indoblegable. En Londres se maravillaron tanto, que nombraron a Wellesley vizconde de Wellington.

Pero indudablemente los aliados no se llevaban bien. La Junta Central daba muestras crecientes de ineficiencia y falta de ejecutividad. Era una olla podrida de politiqueros y logreros, sideralmente alejados de la heroica y tenaz lucha del pueblo español. Los ingleses seguían desafectos al sistema de juntas, y si habían aceptado a regañadientes la Central, fue porque en su momento no tuvieron otro remedio. Preferían un consejo de regencia, a ser posible designado por ellos mismos. Además, estaba el problema de las tropas españolas, indisciplinadas, ariscas, con los generales celando entre sí, pero todos de acuerdo en no aceptar órdenes de nadie. Inglaterra quería unificar el mando bajo la conducción de Wellington. También aspiraba a que se le entregara el puerto de Cádiz, para ser protegido por las armas británicas. Casualmente, Cádiz era el centro y ombligo del comercio con las Américas. Como no pudo llegarse a ningún acuerdo, y disgustado con la anarquía y semiinsurgencia que veía en su torno, Wellington dejó territorio español y se replegó con sus tropas a Portugal, manifestando que se limitaría a su defensa, al tiempo que el embajador Wellesley –hermano del General– daba por terminada su misión en España. En esos momentos Napoleón ganaba la batalla de Wagram, que le dejó disponibles más de 400.000 veteranos. La suerte de España pareció echada.

En octubre, el alud francés se desató sobre la Península. Los españoles fueron derrotados en Ocaña, y el 11 de diciembre cayó Gerona, después de una resistencia increíble. En los primeros días de 1810, el mariscal Soult inició la ofensiva final sobre Andalucía. El 20 de enero, en las Navas de Tolosa., los españoles sufrieron un desastre. En adelante, todo se vino abajo como un castillo de naipes. Una tras otra cayeron Córdoba, Granada, Málaga, convergiendo los invasores sobre Sevilla.

El 14 de febrero de 1810, la Junta Central, tal vez para satisfacer las demandas inglesas, decidió convocar a Cortes. América estaría representada, pero otra vez se descubrió la hilacha. Mientras que en España se nombraría un diputado cada 50.000 habitantes, a toda Hispanoamérica se le concedían graciosamente 26 representantes en total. Ello al tiempo que Napoleón declaraba que Francia reconocería la independencia total de las posesiones españolas, si tal era su deseo, y siempre que no se ligaran a Inglaterra.

Pero todo no pasó de disposiciones en el aire. Desde el comienzo de la ofensiva de Soult, la Junta Central daba visibles muestras de desintegración. En su relativamente corta existencia había ganado una sólida impopularidad, no sólo por su marcada inepcia, sino por el creciente derrotismo de que daba pruebas. Se sospechaba, y con razón, que en ella se cobijaban muchos afrancesados dispuestos a reconocer a José I. Tan pronto como las tropas francesas se acercaron a Sevilla, la Junta entró en disolución espontánea. Los diputados emprendieron la fuga, provocando el estallido final de la población, que salió a la cacería de desertores. Varios representantes fueron encontrados y apresados. España quedó sin gobierno organizado, mientras seguía el arrollador avance francés. Entonces los ingleses tomaron las cosas en sus manos, impusieron orden a gritos, y lograron salirse con la suya. A medida que los miembros de la Junta Central llegaban a Cádiz, eran rechazados por la Junta local, que, por supuesto, se había erigido en Soberana. Entonces los tomó bajo su protección el comandante naval británico apostado en el lugar. Algunos otros fueron rescatados de manos del pueblo, y el 29 de enero los desembarcaron a todos en la isla de León, frente a Cádiz. En ese insignificante trozo de la Península fue reinstalada la Junta Central, al solo efecto de constituir un consejo de regencia. Es decir que este organismo sería nombrado por gente elegida irregularmente, o sea que quedaba establecida de manera irregular por partida doble. Pero los ingleses no estaban para sutilezas. El mismo comandante británico intervino activamente en la designación de los cinco miembros que formarían el nuevo gobierno –único que reconocería Inglaterra–, y el último día de enero de 1810 Londres logró su propósito de que España fuera regida por un consejo de regencia designado por el Gobierno inglés. En adelante, no sólo la Península quedó sujeta al Foreign Office, sino a una sola familia británica: mientras que el hermano mayor, marqués de Wellesley, dirigía las relaciones exteriores, el segundo de la familia, vizconde de Wellington, pasaba a ser supremo comandante militar en la Península Ibérica, y el menor, Henry Wellesley, cubría la embajada inglesa en España.

Las fuerzas en tensión

Las noticias llegaban al Río de la Plata con apreciable atraso, aumentando la incertidumbre y los recelos. A nadie se le escapaba que en caso de caer España, habrían de ocurrir en América hechos trascendentes, de primera magnitud. Lo imposible de prever era de qué carácter y signo serían esos acontecimientos, de modo que la tensión crecía a medida que cada grupo o sector buscaba ubicarse favorablemente para el momento, que se consideraba inevitable, ya que nadie dudaba de que el Emperador doblegaría totalmente a España.

Como suele ocurrir en estos casos, el momento llegó sorpresivamente, hallando a muchos desubicados, y a todos sin planes precisos ni pensamientos concretos. El que la Revolución de Mayo se haya preparado con elaboraciones previas y metas prefijadas, es un mito que no tiene asidero alguno. Fue el fruto de circunstancias que los actores no podían manejar, producidas en España, y su reacción frente a ellas obedeció mucho más a la improvisación que a la meditación. La Revolución de Mayo fue un hecho espontáneo que desbordó a sus participantes, ninguno de los cuales estuvo en condiciones de preverla, incluso a días apenas de su estallido. Así lo reconoce Belgrano en sus Memorias, las más sinceras y veraces dejadas por los próceres de Mayo.

La parte final del drama comenzó, en Buenos Aires el 20 de marzo de 1810. Ese día llegó la noticia de la caída de Gerona, provocando una aplastante impresión. Gerona era un símbolo de España. Durante meses y meses había resistido con heroísmo sobrehumano un enconado asedio francés, soportando todos los embates del enemigo y las inenarrables privaciones de sus defensores. Que Gerona, la indomable, pudiera caer, presagiaba la misma caída de España.

Cisneros comprendió que se avecinaban horas decisivas. Hombre honesto y de clara inteligencia, asumió sus responsabilidades de acuerdo con sus convicciones. Estaba lejos de ser un absolutista como su colega Abascal, del Perú. Había formado parte de una junta en España, y estaba convencido de la legalidad del juntismo para el caso de cesar la autoridad peninsular. Es posible que desde entonces tomara resolución: una vez dominada España, abdicaría del mando como virrey, y entregaría el poder a una junta. Naturalmente, aspiraba a presidirla; pero deseaba ser elegido por el pueblo que gobernaba. Lo cierto y cabal es que no pensaba sobrevivir como virrey a la autoridad metropolitana que lo nombrara.

El juntismo de Cisneros tuvo que acercarlo por afinidad a Álzaga, y debió de pesar en las contemplaciones que don Baltasar tuvo con don Martín.

Desde los primeros días de su arribo, el Virrey vio en Álzaga un apoyo potencial, y al principio es indudable que lo obtuvo. Posteriormente, Álzaga se apartó de Cisneros, y en los primeros meses de 1810 ya estaba embarcado en la oposición. Qué ocurrió entre ellos, es difícil saberlo. Cuestiones personales no hubo; pero sí de orden político. Corrían rumores de que Cisneros había militado en el aborrecido godoyismo, insoportable para los alzaguistas. Y ese posible borrón del pasado melló la imagen del Virrey. También persistía un profundo temor: Álzaga y los suyos desconfiaban de la Audiencia, del Obispo y del Virrey, por barruntar que, llegado el caso, intentarían maniobrar para reconocer al rey José I. Es decir que sospechaban de Cisneros lo mismo que sospecharan de Liniers. Pero lo que en éste era factible y viable, en el primero resultaba un exceso de desconfianza.

Con los carlotistas, Cisneros no podía contar en absoluto. Ponían en tela de juicio hasta la misma legitimidad de su poder,

puesto que había sido nombrado por una Junta Central válida
tal vez para España, pero no para las colonias, directamente dependientes del Rey. Y aparte de estos grupos en presencia, había un tercero, cuya participación activa era imprescindible para cualquier curso de acción: las milicias armadas, cuyos jefes
y oficiales componían un verdadero partido militar, de decisiva influencia en el juego político. Mientras juntistas y carlotistas sabían más o menos claramente qué querían y qué buscaban, esa tercera fuerza carecía de ideario preciso, de metas fijas,
e ignoraba a fondo qué era justamente lo que deseaba. Lo que
sabían, era que tenían las armas en la mano, y que nada se podría hacer sin su previo concurso y visto bueno. Mientras, se
movía un poco al acaso, fluctuando de acuerdo con las circunstancias, oteando los vientos con oportunismo, sin casarse con
nadie.

El único que no tenía partido propio era Cisneros. Confió
hasta donde pudo en los jefes militares, y duró lo que ellos de-
searon sostenerlo. Sin embargo, el Virrey no era una figura ina-
ceptable para una posible salida legal, después de caída la Metrópoli. Se le reconocían méritos personales, y los esfuerzos que
desplegaban por ganar la buena voluntad de sus gobernados. Tal
vez esa pálida y velada simpatía pudo hacerlo jefe de la revolución que se veía venir; pero, desgraciadamente para él, los inso-
portables eran quienes lo rodeaban, y a los que Cisneros otor-
gaba predicamento; sobre todo, los oidores de la aborrecida
Audiencia, impasable para todos los sectores. Lo ha dicho Manuel Belgrano: *"... a no temer la horrenda canalla de oidores que
lo rodeaba, seguramente hubiera entrado por sí en nuestros intereses, pues su prurito era tener con qué conservarse".*

El detonante

Cuatro días después de llegar la noticia de la caída de Gerona, el 24 de marzo, Cisneros ordenó al Gobernador de Montevideo detener las noticias procedentes de Europa referentes a la situación española. No lo guiaba el deseo de ocultar nada ni callar la grave situación de la Metrópoli. En ningún momento lo hizo. Pretendió solamente regular el aflujo de noticias, para evitar estallidos en una opinión ya muy trabajada y alarmada por la tenebrosa situación de España. Ello le permitiría gobernar mejor los acontecimientos, evitando que se le escaparan de las manos. No otra cosa han hecho y hacen los gobiernos en casos similares. Pero las noticias se filtraban, porque muchas naves llegaban directamente a Buenos Aires, sin pasar por Montevideo. Pronto se supo que Andalucía había sido invadida.

El 8 de abril se tuvo noticia de que el 29 de enero había caído Sevilla, que los miembros de la Junta Central habían huido desperdigados hacia Cádiz, que el pueblo se había sublevado, y que varios de esos miembros habían sido apresados. Ello implicaba lisa y llanamente el final de España, pues salvo milagro, nada podría detener la ocupación total de la Península y el establecimiento definitivo de José I. La fuga de la Junta y su triste disolución acarreaba también la desaparición del último destello de gobierno central. Había que tomar decisiones drásticas, para evitar ser acoplados a la España de los Bonaparte.

Pasó entonces un interminable mes sin noticias de la Península. Las tensiones se mantenían en todos los sectores, a la espera de lo que ocurriera allende el océano. El suspenso se mantuvo desde el 14 de mayo. Ese día llegó a Buenos Aires, sin pasar por Montevideo, un buque inglés de nombre *Milestoe*, con noticias detonantes. Andalucía estaba en poder de los franceses,

Cádiz era asediada por los invasores, y en la minúscula isla de León se había establecido un Consejo de Regencia. La nueva estalló como una bomba en la Capital. No hubo un solo hombre que no creyera firmemente en esos momentos, a tres meses y medio de los hechos referidos, a Cádiz en poder de Napoleón, junto con la isla de León y el resto de la Península. En cuanto al Consejo de Regencia, salvo unos pocos absolutistas, nadie estaba dispuesto a acatarlo, por considerárselo de irregular elección y ninguna representación. Había llegado el momento tanto tiempo temido y esperado: dependiendo América del rey Fernando, y estando perdida España para el Soberano, era tiempo de que América se desligara de sus lazos de dependencia con la Metrópoli, y asumiera su propio destino.

El primero que lo comprendió, fue el virrey Cisneros. Ordenó publicar boletines informando la constitución del Consejo de Regencia, y el 18 de mayo redactó una proclama detallando los acontecimientos y tomando posición frente a la dramática coyuntura. Declaraba que *"en el desgraciado caso de una total pérdida de la Península, y falta del Supremo Gobierno, no tomará esta Superioridad determinación alguna que no sea previamente acordada en unión de todas las Representaciones de esta Capital, a que posteriormente se reúnan las de sus Provincias dependientes, entretanto que de acuerdo con los demás Virreynatos se establece una Representación de la Soberanía del Sr. D. Fernando VII. Y yo os añado con toda la ingenuidad que profeso: que lejos de apetecer el mando veréis entonces como toda mi ambición se ciñe a la gloria de pelear entre vosotros por los sagrados derechos de nuestro adorado Monarca, por la libertad e independencia de toda dominación extranjera de estos dominios"*.

La proclama corresponde a un patriota español, hundido en el pesimismo, sin duda, pero de ningún modo es la expresión de un absolutista empedernido. Cisneros deja ver claramente en el texto que había comprendido que su misión estaba concluida en los términos que se habían dado a su llegada. Dice Vicente Sierra: "Cisneros redactó su proclama con plena conciencia de que había terminado como virrey, ya que su título emanaba de un organismo que había dejado de existir: la Suprema Junta. Señalarlo es deber de justicia".

La proclama, escrita el 18, fue impresa el 19 y publicada el 20 de mayo. Ya entonces los acontecimientos se habían puesto en marcha.

El último acto

El mismo viernes 18 en que Cisneros redactó su proclama, comenzaron las deliberaciones entre jefes militares y dirigentes carlotistas. De manera espontánea el carlotismo y el grupo militar se buscaron, tratando de concordar una acción común, factible y necesaria, desde el momento en que los primeros tenían ideario, pero carecían de fuerzas, en tanto los segundos contaban con la fuerza, sin alentar ideas precisas. Que las cosas tomaron a todos por sorpresa queda demostrado por el hecho singular de que el 18 de mayo varios dirigentes estuvieran pasando el fin de semana en las afueras. Cornelio de Saavedra, Manuel Belgrano y Juan José Castelli no se encontraban en la ciudad.

Aquel viernes crucial se efectuó una decisiva reunión en casa de Nicolás Rodríguez Peña, a la que asistieron su socio Hipólito Vieytes, otros carlotistas y varios jefes militares. Era menester tomar una resolución, que consistiría fundamentalmente en pedir la renuncia al Virrey, ante la cesantía de las autoridades españolas. Pero se debía contar previamente con el importante cuerpo de Patricios. En ausencia de Saavedra, se llamó a Juan José Viamonte, ayudante del jefe, con idea de deponer esa misma noche a Cisneros. Viamonte se negó a tomar ninguna resolución sin previo conocimiento del Comandante, por lo cual lo mandaron buscar a la quinta de San Isidro, donde descansaba. También se resolvió llamar a Belgrano y a Castelli, para que regresaran inmediatamente.

Tan pronto volvió Saavedra a Buenos Aires, se presentó en casa de Viamonte. Había allí varias personas reunidas. Lo recibieron con una pregunta precisa: *"¿Aún dirá usted que no es tiempo?"* El sorprendido militar preguntó qué estaba pasando. Se le comunicó lo ocurrido en España. Entonces Saavedra habría manifestado: *"Señores, ahora digo que no sólo es tiempo, sino que no se debe perder una sola hora"*.

Todos se trasladaron a casa de Rodríguez Peña, donde ya se encontraban Belgrano y Castelli, además de Juan José Paso, Antonio Luis Beruti y Feliciano Chiclana, entre otros. Aparte de considerar imprescindible la renuncia de Cisneros, se temía que el Virrey tomara la decisión de acatar a la dinastía Bonaparte, una vez asentado José I en el trono. Aparte de ello, se ignora qué fue precisamente lo discutido en esa asamblea; pero es casi seguro que se habló algo más que de la suerte del Virrey. Es posible que en algún momento saliera a relucir el derecho de Carlota a la regencia; pero, según parece, en ningún instante se habló de junta. Señalemos de paso que hasta el momento no había aparecido en absoluto el juntismo dentro de estos conciliábulos. Tampoco se habló de Cabildo abierto. Ningún documento de la época dice nada de eso, a pesar de aparecer la mención en algunas Memorias escritas muchos años después, cuando eran posibles las confusiones. Lo que se decidió fue enviar dos delegaciones para expresar la inquietud del ahora unificado partido militar–carlotista, y solicitar se procediera a dar fin a la gestión de Cisneros. Belgrano y Saavedra fueron designados para entrevistar a Juan José Lezica, alcalde de primer voto, mientras que Castelli debía ver al síndico Julián de Leiva. También se resolvió acuartelar las tropas.

El 20 de mayo, día domingo, tanto Lezica como Leiva se entrevistaron con el Virrey, para explicar las exigencias recibidas el día anterior. Cisneros no tenía propósito de resistir. Sólo se preocupaba por la forma legal de dar salida a la situación, tratando de que el nuevo Gobierno diera un mínimo de seguridades para mantener el orden y conservar las instituciones vigentes. A Lezica le contestó que antes de tomar una resolución, consultaría con los jefes militares. En la conversación con Leiva, el Síndico le sugirió una salida: convocar a cabildo abierto, y recabar la opinión del grupo más espectable e influyente del vecindario. De manera que la idea de cabildo abierto surgió del prudente Leiva, como medio de moderar una situación que podía desbordar a los participantes, tornándose incontrolable.

Ante todo, Cisneros quería saber la opinión de los jefes militares, y a tal fin los convocó en el Fuerte. Una vez reunidos, el Virrey les expresó lo peligroso que sería tomar decisiones apresuradas, pues España aún no estaba totalmente perdida; les recordó que tenían un juramento de apoyar al Gobierno, y terminó recabándoles una decisión. Según informó posteriormente el mismo Cisneros, sólo un jefe tomó la palabra y habló en nombre de todos: Cornelio de Saavedra. Y éste dice en sus Memorias que rechazó el planteo del Virrey: *"...¿Y qué, señor? ¿Cádiz y la isla de León son España?... Los derechos de la corona de Castilla, a que se incorporaron las Américas, ¿han recaído en Cádiz y la isla de León, que son parte de una de las provincias de Andalucía? No, señor. No queremos seguir la suerte de España, ni ser dominados por los franceses: hemos resuelto reasumir nuestro derecho, y conservarnos por nosotros mismos. El que a V. E. dio autoridad para mandarnos, ya no existe; de consiguiente V. E. tampoco la tiene, así que no cuente con las fuerzas de mi mando para sostenerse en ella".*

Perdido el apoyo militar, no le quedaba a Cisneros otro camino que renunciar. Según testimonio de Saavedra, habría contestado: *"Pues señores, se hará el Cabildo Abierto que se solicita".* Aquí evidentemente la memoria le jugó una mala pasada a don Cornelio, pues los jefes militares no pedían ningún cabildo abierto, sino pura y simplemente la dimisión del Virrey. Aquella sugerencia del cabildo abierto fue, como vimos, de Julián de Leiva.

Hay un episodio que ha creado un poco de incertidumbre en el orden de estos acontecimientos. Es el narrado por Martín Rodríguez en sus Memorias, que no figura en ningún otro testimonio de los actores de Mayo, y de allí que algunos historiadores lo desechen como falso. Otros estudiosos, en cambio, lo aceptan sobre la base de una serie de indicios, si bien cuesta mucho ubicarlo en el orden cronológico. Para unos, ocurrió antes de la entrevista de Cisneros con los jefes, y para otros, es posterior. Dice Martín Rodríguez que en una de las reuniones en casa de Rodríguez Peña, que se mantenían en forma poco menos que permanente, se resolvió delegar al mismo Martín Rodríguez y a Juan José Castelli para pedir la renuncia del Virrey. En compañía de otro militar, Florencio Terrada, se apersonaron en el Fuerte, donde encontraron a Cisneros jugando a los naipes con otras tres personas. Castelli se habría dirigido sin prolegómenos al Virrey, diciéndole a boca de jarro: *"Excelentísimo señor: tenemos el sentimiento de venir en comisión por el pueblo y el ejército, que están en armas, a intimar a V. E. la cesación en el mando del virreinato".*

Ante la abrupta declaración, Cisneros y sus acompañantes se pusieron de pie. El Virrey mostraba indignación ante lo que consideraba inaudita insolencia. Sus protestas fueron secamente interrumpidas por Castelli: *"Señor, cinco minutos es el plazo que se nos ha dado para volver con la contestación; vea V. E. lo que hace"*.

Uno de los amigos del Virrey lo tomó del brazo y lo llevó a una habitación lindera. Sin duda lo convenció, pues cuando Cisneros volvió, había recuperado su dominio, limitándose a decir que, ya que el pueblo no lo quería, *hagan ustedes lo que quieran*.

Luego de comunicar a sus amigos la aceptación de Cisneros, dice que Saavedra, Castelli, Paso, Balcarce y él mismo fueron a ver a Leiva, para referirle lo ocurrido. El Síndico preguntó dónde estaba Cisneros. *"En el Fuerte"*, fue la respuesta. *"Supongo que estará preso allí"*. Al decírsele que no, Leiva afirmó que hacían mal, pues lo primero que debían asegurarse era la persona del Virrey. Martín Rodríguez replicó que Cisneros nada podría hacer con el puñado de soldados con que contaba, frente a los miles de hombres de los criollos. Leiva reflexionó: *"Señores, ustedes saben que los años que hace que manejo a estos hombres, y ustedes no pueden figurarse el prestigio que ejercen sobre los pueblos, y esa misma fuerza con que usted cuenta hoy, señor Coronel, puede ser que sea la misma que los amarrará mañana"*. Reiteramos que Martín Rodríguez es el único que menciona estos detalles.

Hubo cabildo abierto, y de allí surgió una Junta en la que Baltasar Hidalgo de Cisneros conservaba su autoridad en condición de presidente, y formada esencialmente por el grupo carlotista y el militar. Sabemos que esa Junta no anduvo. Es que entonces entró en juego el juntismo. Hay razones para creer que don Martín de Álzaga echó de lleno sus fuerzas contra ella, logrando su inviabilidad, y la imposibilidad absoluta de que Cisneros siguiera en el poder de ningún modo. Y es más que indudable que hubo febriles negociaciones entre los tres partidos que al cabo convergieron en la Revolución. Lo demuestra el perfecto equilibrio de la Primera Junta, único organismo gubernativo aceptado por todos los sectores en presencia: a la presidencia fue Cornelio de Saavedra, jefe del partido militar, comandante de las tropas y de gran prestigio popular. A su lado, dos secretarios: uno carlotista, Juan José Paso, y otro alzaguista, Mariano Moreno, que también fuera secretario de la frustrada junta del 1° de enero de 1809. Las vocalías se distribuyeron de la misma y salomónica manera, pues a los alzaguistas Juan Larrea y Domingo Matheu, se sumaron los carlotistas Juan José Castelli y Manuel Belgrano. En cuanto a Azcuénaga, también era jefe militar, y el presbítero Alberti habría sido sumado en representación del clero. Tamaño equilibrio no pudo ser consecuencia de la casualidad ni de influencias extrañas al medio porteño, sino de un avenimiento de partidos. Pero eso es otra historia.

Conclusión

Y de ese modo se nos terminó el tema y el espacio concedido. Hemos paseado por cuatro años trascendentales de nuestra historia, como que de ellos nació al cabo nuestra nacionalidad. En el curso de ese cuatrienio éramos parte del Imperio Español, uno de los más imponentes y extensos de que haya memoria. Y no había razones a la vista para que no siguiera siéndolo. Había conciencia general de pertenecer a un admirable edificio político, y privaba el orgullo de saberse parte integrante de la Corona española. Lo que existía era el deseo de variar algunas disposiciones e instituciones vetustas, lograr mayor autonomía frente a la Metrópoli, igualar al americano en sus derechos *dentro* del Imperio. Los que pensaban en una independencia total, constituían un reducido grupo, sin influencia ni trascendencia. Y el sentimiento cundía en Hispanoamérica. Lo demuestran los repetidos y lamentables fracasos de Miranda, empeñado en liberar a América contra su voluntad y a la fuerza.

La Revolución Francesa no tuvo ninguna influencia en el proceso americano; y si la tuvo, fue negativa. Regicida, anticatólica, republicana, demagógica y terrorista, produjo un profundo sentimiento de rechazo y de aversión, tanto en España como en sus colonias. En cuanto a los enciclopedistas y pensadores franceses, influyeron ciertamente en nuestros próceres de formación universitaria; pero no generaron deseos de independencia, sino la conciencia de que era menester un cambio en la organización política y económica imperial. Y en este aspecto seguían la senda de los más lúcidos españoles, que comprendían la necesidad de tomar rumbos nuevos.

De más está decir que tampoco tuvo nada que ver con la nuestra la Revolución Norteamericana. Aunque pudiera simpatizarse con las expresiones de derechos, enarboladas en el Norte, el republicanismo no había entrado aún en Hispanoamérica. Todas las capas sociales eran monárquicas, y ligaban el término república al concepto de anarquía, conforme al ejemplo de Francia. Las tendencias que se fecundaban en América, tendían a una monarquía controlada, morigerada, similar a la inglesa. El único republicanismo que corrió por estos lados fue el de las juntas, al igual que en España, y de raíces profundamente españolas.

Las invasiones inglesas influyeron poderosamente, pero no por ideas de independencia que eventualmente trajeran los invasores. Venían con toda intención de incorporar el Río de la Plata al Imperio Británico, no de liberarlo. La acción inglesa fue de contragolpe, pues con su fracaso dio conciencia de fuerza a los defensores, originó las milicias que reemplazaron al ejército veterano español, otorgó poder militar a los criollos, y permitió a Buenos Aires corregirle la plana a Madrid, deponiendo y nombrando virreyes.

No fueron tampoco deseos de libre comercio ni ambiciones de mercachifle los que nos dieron origen como Nación. Fue ante todo, y sobre todo, una razón de *nacionalidad* y de lealtad al rey jurado. La Revolución de Mayo comenzó en España. Allí, no en Francia, o en Gran Bretaña, o en los Estados Unidos, están las semillas que hicieron posible a la Argentina. La Revolución del 25 de Mayo de 1810 en Buenos Aires, se inició el 2 de mayo de 1808 en Madrid. Fue una gigantesca afirmación nacional que se extendió hacia ambos lados del océano. Allí se repudió a un usurpador y se luchó por un rey ausente, defendiendo con singular heroísmo la autodeterminación del pueblo español. Aquí, después que Buenos Aires se negó a ser inglesa, no estuvo dispuesta a ser francesa. Sería española, o formaría su propia nacionalidad. Cuando se creyó definitivamente perdida a España, se puso en marcha la determinación, y entonces fue Mayo.

Hasta ese momento, la historia argentina formó parte de la historia española. En adelante, las sendas se bifurcan, para buscar horizontes propios. No nos compete relatarlo. Nuestra tarea ha concluido. Corresponde a otra pluma continuar este ME-MORIAL DE LA PATRIA.

Bolívar, noviembre de 1973.

Cronología

Año 1804

ABRIL: Fallece en Buenos Aires el virrey Joaquín del Pino. Carlos IV nombra como noveno virrey del Río de la Plata a don Rafael de Sobre Monte, tercer marqués de Sobre Monte.

OCTUBRE: Cuatro fragatas inglesas asaltan a otras tantas españolas, en plena paz, cerca del puerto de Cádiz. Una de ellas es volada por los ingleses, pereciendo en el desastre toda la familia de don Diego de Alvear, a quien queda un solo hijo sobreviviente, Carlos María.

DICIEMBRE: España declara la guerra a Inglaterra, al no obtener satisfacciones por el atropello cometido.

Año 1805

ABRIL: Llega a Buenos Aires la noticia del estado de guerra con Inglaterra.

OCTUBRE: En Trafalgar la escuadra británica destroza a las fuerzas navales combinadas de España y Francia. Perece Nelson, pero Inglaterra queda dueña de los mares.

– Una poderosa escuadra británica al mando de sir Home Popham llega a Bahía (Brasil), creando temores en el Río de la Plata sobre su eventual destino.

DICIEMBRE: Las fuerzas militares de la coalición de potencias europeas que enfrentan a Francia, son decisivamente derrotadas en Austerlitz por Napoleón. Bonaparte queda dueño y árbitro del continente europeo.

Año 1806

ENERO: La flota de sir Home Popham, procedente de Bahía, llega a la ciudad del Cabo. Las fuerzas militares a su bordo, comandadas por sir David Baird, desembarcan y ocupan con poca resistencia la colonia holandesa.

ABRIL: Tras convencer a sir David Baird de que el Río de la Plata está desguarnecido y es fácil de conquistar, sir Home Popham se hace a la vela el día 14 llevando una reducida fuerza militar al mando de sir William Carr, vizconde de Beresford.

MAYO 20: Desde el fuerte de Santa Teresa, en la Banda Oriental, es avistado un navío de guerra inglés.

JUNIO 18: La escuadra inglesa de Popham comienza su concentración en la isla de Flores.

JUNIO 24: El comandante de Ensenada, don Santiago de Liniers, avista a la escuadra inglesa, dando aviso al Virrey.

JUNIO 25: Las tropas inglesas comienzan el desembarco en Quilmes, ante la pasividad de las fuerzas defensoras.

JUNIO 26: Tras una breve escaramuza en las barrancas quilmeñas, los defensores se desbandan. Los ingleses inician la penetración hacia la ciudad de Buenos Aires.

JUNIO 27: A las tres de la tarde, la reducida fuerza británica llega a la plaza Mayor y ocupa el Fuerte de Buenos Aires. La capital del Virreinato queda incorporada al Imperio Británico. El virrey Sobre Monte huye a Córdoba.

JUNIO 28: Beresford, convertido en gobernador provisional, decreta la libertad de comercio. Comienza a gestarse dentro de la ciudad el movimiento de resistencia, dirigido por don Martín de Álzaga.

Julio 9: Santiago de Liniers, ex comandante de Ensenada, se traslada de incógnito a la Banda Oriental, para coordinar con el gobernador de Montevideo, Pascual Ruiz Huidobro, la reconquista de Buenos Aires.

Julio 15: Llega Liniers a Montevideo. Pocos días después, el espionaje organizado por los ingleses detecta el movimiento de resistencia, al ubicar en las afueras un campo de adiestramiento comandado por Juan Martín de Pueyrredón.

Agosto 1°: Fuerzas inglesas enviadas por Beresford desbandan en Perdriel al grupo dirigido por Pueyrredón, que logra huir a la Banda Oriental, adonde llega en vísperas de iniciar Liniers su contraofensiva.

Agosto 3: Aprovechando un fuerte temporal, Liniers embarca a sus tropas en Colonia, eludiendo la vigilancia de las naves inglesas.

Agosto 5: Comienza el desembarco de Liniers en la costa norte de Buenos Aires. El mal estado del tiempo y de los caminos retardará su marcha sobre la Capital.

Agosto 7: El virrey Sobre Monte llega a San Nicolás encabezando una fuerza para desalojar a los ingleses de Buenos Aires. Ordena a Liniers esperarlo sin atacar.

Agosto 9: Liniers no detiene su marcha, y superando dificultades, llega a la Chacarita de los Colegiales, engrosando permanentemente sus fuerzas. Los pantanos que bordean la ciudad impiden a los ingleses salir a su encuentro.

Agosto 10: Liniers llega a los Corrales de Miserere, e intima rendición a Beresford. El temporal impide a los ingleses evacuar la ciudad. El Jefe británico rechaza el ultimátum.

Agosto 11: Por un movimiento de flanqueo, Liniers se corre hacia el Retiro.

AGOSTO 12: Se produce el asalto a la ciudad de Buenos Aires. Los ingleses son desbordados, y a las tres de la tarde Beresford rinde sus fuerzas. La Reconquista ha terminado.

AGOSTO 14: Es convocado cabildo abierto, que juzga la actuación del virrey Sobre Monte. Se resuelve retirarle el mando militar, y solicitarle no entre en Buenos Aires.

AGOSTO 17: Liniers acuerda con Beresford una falsa capitulación, antedatándola el 12.

AGOSTO 28: Desde San Nicolás, Sobre Monte resigna el mando militar en Liniers y el político en la Audiencia. Acepta no ingresar en Buenos Aires, y se retira a la Banda Oriental.

AGOSTO 29: Se hacen públicas las falsas capitulaciones acordadas por Liniers, las que son rechazadas por las autoridades, confinando a Beresford en Luján.

SETIEMBRE 6: Liniers comienza a organizar la defensa de Buenos Aires ante la inminente llegada de refuerzos británicos al Río de la Plata, donde domina la flota de Popham.

SETIEMBRE 10: Comienza la movilización popular en Buenos Aires, creándose milicias ciudadanas.

SETIEMBRE 13: Llega a Londres la noticia de la toma de Buenos Aires por Beresford, jubilosamente celebrada.

OCTUBRE 11: Parte de Inglaterra sir Samuel Achmuty con 4.000 hombres, para reforzar a Beresford y ampliar la conquista del Virreinato, en tanto se prepara otra fuerza expedicionaria para Chile.

OCTUBRE 28: Con refuerzos llegados de la ciudad del Cabo, Popham ataca a Montevideo y es rechazado.

OCTUBRE 29: Los ingleses asaltan y ocupan a Maldonado.

Año 1807

ENERO 5: Sir Samuel Achmuty llega a Maldonado, disponiéndose a atacar a Montevideo.

ENERO 15: Achmuty intima rendición a Sobre Monte, que desde la capital de la Banda Oriental la rechaza.

ENERO 16: Comienza el desembarco inglés frente a Montevideo.

ENERO 19: Se completa el sitio de Montevideo.

ENERO 24: Desde Buenos Aires se envía a Pedro Arze con refuerzos. Logran eludir el bloqueo, y se incorporan a la defensa de Montevideo.

ENERO 29: Liniers desembarca en Colonia al frente de 2.000 hombres. Por falta de previsión de Sobre Monte, se encuentra sin medios de movilidad para llegar a Montevideo.

FEBRERO 3: Los ingleses asaltan y toman a Montevideo. El gobernador Ruiz Huidobro cae prisionero. Sobre Monte ya había huido.

FEBRERO 4: Liniers regresa a Buenos Aires con la noticia de la caída de Montevideo y la actitud de Sobre Monte.

FEBRERO 10: Se convoca a cabildo abierto en Buenos Aires. El virrey Sobre Monte es suspendido de su cargo, ordenándose su arresto.

FEBRERO 17: La delegación enviada por el Cabildo de Buenos Aires detiene al virrey Sobre Monte, confinándolo en San Fernando.

FEBRERO 24: En Madrid se conoce la noticia de la caída y reconquista de Buenos Aires, y la dudosa actitud de Sobre Monte. El Virrey es relevado, nombrándose en su reemplazo a Pascual Ruiz Huidobro, entonces prisionero de los ingleses.

MARZO 5: Los ingleses ocupan a Colonia, preparando el

asalto a Buenos Aires.

ABRIL 12: Los ingleses rechazan un ataque de Francisco Javier de Elío sobre Colonia.

MAYO 10: Llega a Montevideo el general Whitelocke, como futuro gobernador del Río de la Plata. En tal carácter se hace cargo del mando supremo.

JUNIO 15: Llega a Montevideo el general Craufurd, con las fuerzas inglesas previamente destinadas a Chile.

JUNIO 27: Los ingleses inician el cruce del río de la Plata. Llega a Buenos Aires la noticia del nombramiento de Pascual Ruiz Huidobro como virrey. Ante su ausencia, la Audiencia designa a Santiago de Liniers como virrey interino, en razón de ser el oficial de más alta graduación.

JUNIO 30: Al notificarse el desembarco inglés en Ensenada, Liniers adelanta a Elío para cubrir el Riachuelo a la altura del paso de Gálvez.

JULIO 1°: Los británicos llegan a Quilmes y cruzan el Riachuelo tierra adentro, eludiendo las fuerzas defensoras.

JULIO 2: Los ingleses llegan a los Corrales de Miserere. Liniers presenta combate, y es totalmente derrotado.

JULIO 3: Desde las primeras horas, Álzaga comienza a organizar la defensa de la ciudad calle por calle. Whitelocke llega a los Corrales de Miserere, al tiempo que Liniers regresa a Buenos Aires.

JULIO 5: Comienza el asalto inglés a la capital. Los británicos se disponen en trece columnas, iniciándose una enconada lucha callejera. Los invasores son contenidos.

JULIO 7: Whitelocke capitula, y acepta la devolución de Montevideo. Total derrota inglesa.

JULIO 8: En Tilsit se entrevistan Napoleón I y Alejandro de Rusia. Acuerdan zonas de influencias respectivas. El Zar deja al

Emperador manos libres en España y en Portugal.

SETIEMBRE: Francia y España dirigen un ultimátum conjunto a Lisboa, exigiendo la inmediata declaración de guerra a Inglaterra.

OCTUBRE 22: Inglaterra impone a Portugal un convenio por el cual la Corte lusitana acepta ser trasladada al Brasil, en caso de invasión francesa.

OCTUBRE 27: Se firma en Fontainebleau un acuerdo entre Francia y España, repartiéndose a Portugal.

NOVIEMBRE 19: Comienza la invasión francesa a Portugal.

NOVIEMBRE 27: La familia real portuguesa abandona a Lisboa, embarcándose bajo protección inglesa.

Año 1808

FEBRERO 12: Don Martín de Álzaga informa al Cabildo de Buenos Aires que la Corte portuguesa se ha establecido en Río de Janeiro.

FEBRERO 13: Llega a Buenos Aires la confirmación de Liniers como virrey interino.

MARZO 17: Motín de Aranjuez. Como consecuencia de la sublevación popular, es depuesto el favorito Godoy.

MARZO 19: Carlos IV abdica el trono de España en favor de su hijo Fernando VII.

ABRIL 22: El Cabildo porteño recibe una nota del ministro portugués, conde de Linhares, proponiendo un protectorado lusitano sobre el Virreinato.

MAYO 2: Sublevación popular de Madrid contra la ocupación francesa.

MAYO 5: Entrevista de Bayona entre Napoleón, Carlos IV

y Fernando VII. Éste abdica, entregando la corona al Emperador francés, y es confinado en Francia.

Mayo 7: José Bonaparte, rey de Nápoles, acepta la corona española como José I.

Mayo 16: Liniers jura como virrey interino.

Mayo 23: Valencia se subleva contra la ocupación francesa.

Mayo 24: Sublevación en Oviedo y en Asturias.

Mayo 26: Sublevación en Santander y en Sevilla.

Mayo 28: Sublevación en Cádiz.

Mayo 30: Sublevación en Granada y en Badajoz. En toda España se implanta el sistema de juntas, que gobiernan en nombre de Fernando VII.

Julio 4: Inglaterra levanta el estado de guerra contra España.

Julio 19: El general francés Dupont de l'Etang es derrotado por el general Javier de Castellanos en la batalla de Bailén. Los franceses retroceden hacia la línea del Ebro.

Julio 20: Liniers envía una carta a Napoleón en tono de sumisión. Llega a Buenos Aires la noticia de la abdicación de Carlos IV en favor de Fernando.

Agosto 10: Llega a Maldonado el marqués de Sassenay, enviado por Napoleón para gestionar el reconocimiento de José I.

Agosto 15: Liniers emite un manifiesto anunciando la jura de Fernanado VII para el día 21, y aconsejando al Virreinato mantenerse apartado de los conflictos peninsulares.

Agosto 19: Llega a Montevideo José Manuel Goyeneche con la noticia de la sublevación española, presentándose como representante de la Junta de Sevilla.

– La princesa Carlota Joaquina y el infante Pedro Carlos elevan al regente de Portugal una "Justa Reclamación", salvando sus derechos sobre las posesiones españolas en América.

Setiembre 1°: Liniers declara la guerra a Napoleón, desconociendo la dinastía Bonaparte.

SETIEMBRE 9: Liniers reconoce a la Junta de Sevilla, que no llega a ser jurada.

SETIEMBRE 13: Carlos Guezzi, enviado de la Corte portuguesa, entrega a las autoridades porteñas documentos con las pretensiones de la princesa Carlota sobre el Virreinato, que son de inmediato rechazadas.

SETIEMBRE 20: Se presenta en Montevideo Juan Ángel Michelena para reemplazar al gobernador Francisco Javier de Elío, destituido por Liniers. Estalla una sublevación popular. Es convocado cabildo abierto, que nombra una junta presidida por Elío, en rebelión contra la autoridad del Virrey.

– El grupo carlotista porteño, encabezado por Manuel Belgrano, envía un Memorial a la Princesa aceptando sus derechos.

SETIEMBRE 25: Se establece en España la Junta General Gubernativa del Reino, o Junta Central, para gobernar en nombre de Fernando VII.

OCTUBRE 31: Napoleón derrota a las fuerzas españolas en Durango. Burgos cae en poder de los franceses. Se inicia el sitio de Zaragoza. Comienza la ofensiva francesa.

NOVIEMBRE 11: Chuquisaca rechaza a Goyeneche y la "Justa Reclamación" de Carlota.

NOVIEMBRE 20: Llega a Río de Janeiro la fragata "Prueba" llevando a bordo a Pascual Ruiz Huidobro, liberado por los ingleses. La princesa Carlota intenta embarcar en ella, y la nave huye hacia Buenos Aires.

DICIEMBRE 8: José I es repuesto como rey en Madrid. La Junta Central se establece en Sevilla.

DICIEMBRE 31: El Cabildo porteño, dispuesto a derrocar a Liniers, rechaza el nombramiento de alférez real recaído en la persona de Bernardino Rivadavia.

Año 1809

ENERO 1°: El Cabildo intenta la deposición del Virrey a través de un golpe revolucionario encabezado por Martín de Álzaga. La oposición del coronel Cornelio de Saavedra impide el triunfo, cuando Liniers se avenía a renunciar. Martín de Álzaga y los jefes revolucionarios son detenidos en el Fuerte, y luego confinados en Carmen de Patagones. Queda frustrado el primer intento de establecer una junta en Buenos Aires.

ENERO 6: Llega a Buenos Aires la noticia del establecimiento de la Junta Central del Reino.

ENERO 8: Es jurada en Buenos Aires.

ENERO 22: La Junta Central establece que las Indias no son colonias, sino partes integrantes de la monarquía española.

FEBRERO 11: La Junta Central nombra virrey del Río de la Plata a Baltasar Hidalgo de Cisneros.

MAYO 2: Cisneros se embarca en España rumbo a Buenos Aires, acompañado por Vicente Nieto.

MAYO 25: Estalla una sublevación en Chuquisaca, estableciéndose una junta de gobierno.

JUNIO 19: Llega a Buenos Aires la noticia de lo acontecido en Chuquisaca, demostrando el malestar reinante en el Alto Perú.

JUNIO 26: La princesa Carlota dirige una carta a Cornelio Saavedra para atraerlo a sus propósitos. La carta llega a destino a través de Manuel Belgrano.

JUNIO 30: El virrey Cisneros llega a Montevideo, siendo acatado por la Junta allí establecida. Se impone del malestar reinante en Buenos Aires y las tentativas de resistencia a su autoridad.

JULIO 6: Desde Montevideo, Cisneros envía su edecán a Buenos Aires, para organizar el traspaso del mando con Liniers.

– Napoleón vence a la coalición europea en la batalla de Wagram. Quedan disponibles más de 400.000 soldados franceses para someter a España.

JULIO 12: Cisneros recibe en Colonia el acatamiento de la Audiencia y el Cabildo porteños.

JULIO 16: Estalla una sublevación en la ciudad de La Paz, en el Alto Perú. Se establece una Junta Tuitiva.

JULIO 17: Saavedra contesta la carta de la princesa Carlota, aceptando aparentemente sus pretensiones.

JULIO 20: Vicente Nieto llega a Buenos Aires, para hacerse cargo del mando militar.

JULIO 23: Liniers llega a Colonia, y hace entrega del mando a Cisneros.

JULIO 29: Cisneros entra en Buenos Aires, en medio de aclamaciones populares.

AGOSTO 16: Los comerciantes ingleses establecidos en Buenos Aires solicitan al virrey Cisneros permiso para desembarcar mercancías. Cisneros gira el asunto a varias entidades, para que dictaminen.

SETIEMBRE 4: El Consulado se expide en favor de un comercio libre vigilado, pese al dictamen en contra del síndico Yaniz.

SETIEMBRE 12: El Cabildo se expide en el mismo sentido, pero prohibiendo la entrada de productos que se elaboren en el Virreinato.

OCTUBRE 6: El procurador José de la Rosa eleva al Virrey una "Representación de los Hacendados", propiciando el libre comercio. Dichos hacendados eran representados por Mariano Moreno.

– Goyeneche, enviado por el virrey Abascal del Perú, inicia la represión de las sublevaciones en el Alto Perú.

OCTUBRE 25: Goyeneche derrota a los revolucionarios de La Paz en la batalla de Chacaltaya. Se inicia una dura represión de los sublevados.

NOVIEMBRE 2: Una Junta Consultiva convocada por Cisneros decide abrir el libre comercio, si bien reglamentado.

NOVIEMBRE 6: El virrey Cisneros decreta la apertura de Buenos Aires al comercio exterior.

NOVIEMBRE 25: Cisneros crea el Juzgado de Vigilancia Política, para reprimir la acción de los agentes extranjeros en Buenos Aires.

DICIEMBRE 11: Las fuerzas francesas de Napoleón ocupan a Gerona, después de una larga y denodada resistencia.

Año 1810

ENERO 1°: El Virrey sobresee a los inculpados en la revolución del 1° de enero de 1809.

ENERO 8: Don Martín de Álzaga regresa a Buenos Aires.

ENERO 20: Desastre español en las Navas de Tolosa. La ofensiva francesa se torna incontenible.

ENERO 29: Ante el avance francés, la Junta Central se instala en la isla de León, frente a Cádiz, bajo protección inglesa. Sevilla cae en poder de los franceses.

ENERO 31: Bajo presión inglesa, se establece en la isla de León un Consejo de Regencia.

MARZO 20: Llega a Buenos Aires la noticia de la caída de Gerona.

MARZO 24: El virrey Cisneros ordena al Gobernador de Montevideo detener las noticias procedentes de la Península.

ABRIL 8: Llega a Buenos Aires la noticia de la caída de Sevilla y la fuga de la Junta Central.

MAYO 14: Llega directamente a Buenos Aires el navío inglés

"Milestone", con la noticia de la ocupación de Andalucía, la caída de Cádiz y el establecimiento de un Consejo de Regencia en
la isla de León. Se considera perdida a España.

MAYO 18: Cisneros redacta una proclama informando al
pueblo sobre estos hechos.

MAYO 20: El síndico Leiva propone al virrey Cisneros que
convoque a cabildo abierto.

Bibliografía

Academia Nacional de la Historia: *Historia de la Nación Argentina,* vol. V, secc. I (Imprenta de la Universidad, Buenos Aires, 1939).

Biblioteca de Mayo: Tomo I, *Memorias;* tomo II, *Autobiografías;* tomo III, *Autobiografías;* tomo IV, *Diarios y crónicas* (edición especial en homenaje al 150° aniversario de la Revolución de Mayo de 1810, Senado de la Nación, Buenos Aires, 1960).

Enrique C. Corbellini: *La Revolución de Mayo,* tomo I (ed. Lajouane, Buenos Aires, 1950).

Roberto Etchepareborda: *Qué fue el carlotismo* (ed. Plus Ultra, Buenos Aires, 1972).

Enrique de Gandía: *Historia del 25 de Mayo* (ed. Claridad, Buenos Aires, 1960).

Enrique de Gandía: *La revisión de la historia argentina* (ed. A. Zamora, Buenos Aires, 1952).

Enrique de Gandía: *Las ideas políticas de los hombres de Mayo* (ed. Depalma, Buenos Aires, 1965).

Enrique de Gandía: *Las ideas políticas de Martín de Álzaga* (ed. Depalma, Buenos Aires, 1962).

Enrique de Gandía: *Napoleón y la independencia de América* (ed. A. Zamora, Buenos Aires, 1955).

Ricardo Levene: *Ensayo histórico sobre la Revolución de Mayo y Mariano Moreno* (ed. Científica y Literaria Argentina, Buenos Aires, 1925).

Roberto H. Marfany: *El Cabildo de Mayo* (ed. Theoría, Buenos Aires, 1961).

Roberto H. Marfany: *El pronunciamiento de Mayo* (ed. Theoría, Buenos Aires, 1958).

Roberto H. Marfany: *Episodios de la Revolución de Mayo* (ed. Theoría, Buenos Aires, 1966).

Ernesto Palacio: *Historia de la Argentina,* tomo I (ed. Peña Lillo, Buenos Aires, 1960).

Carlos A. Pueyrredón: *1810 – La Revolución de Mayo* (ed. Peuser, Buenos Aires, 1953).

Jorge María Ramallo: Los *grupos políticos en la Revolución de Mayo* (ed. Theoría, Buenos Aires, 1962).

José María Rosa: *Historia argentina,* tomo I, "La Revolución (1806-1812)" (ed. Juan C. Granda, Buenos Aires, 1967).

Enrique Ruiz Guiñazú: El *presidente Saavedra y el pueblo soberano de 1810* (ed. Estrada, Buenos Aires, 1960).

Enrique Ruiz Guiñazú: *Epifanía de la libertad* (ed. Nova, Buenos Aires, 1952).

Vicente D. Sierra: *Historia de la Argentina,* tomo IV, 1800–1810 (Unión de Editores Latinos, Buenos Aires, 1960).

Enrique Williams Álzaga: *Dos revoluciones: 1° de enero de 1809-25 de mayo de 1810* (ed. Emecé, Buenos Aires, 1963).

Enrique Williams Álzaga: *Fuga del general Beresford* (ed. Emecé, Buenos Aires, 1965).

Enrique Williams Álzaga: *Martín de Álzaga en la Reconquista y en la Defensa de Buenos Aires* (ed. Emecé, Buenos Aires, 1971).

Índice

Títulos de esta colección

Thank you for acquiring

1804-1810 *Las Brevas Maduras*

This book is part of the
Stockcero Latin American Studies Library Program.
It was brought back to print following the request of at least one
hundred interested readers –many belonging to the North American
teaching community– who seek a better insight on the culture roots
of Hispanic America.

To complete the full circle and get a better understanding about the
actual needs of our readers, we would appreciate if you could be so
kind as to spare some time and register your purchase at:
http://www.stockcero.com/bookregister.php

The Stockcero Mission:
To enhance the understanding of Latin American issues in North
America, while promoting the role of books as culture vectors

The Stockcero Latin American Studies Library Goal:
To bring back into print those books that the Teaching Community
considers necessary for an in depth understanding of the Latin
American societies and their culture, with special emphasis on
history, economy, politics and literature.

Program mechanics:
• Publishing priorities are assigned through a ranking system, based
  on the number of nominations received by each title listed in our
  databases
• Registered Users may nominate as many titles as they consider fit
• Reaching 5 votes the title enters a daily updated ranking list
• Upon reaching the 100 votes the title is brought back into print

You may find more information about the Stockcero Programs by
visiting www.stockcero.com.

www.ingramcontent.com/pod-product-compliance
Lightning Source LLC
Chambersburg PA
CBHW030945150426
42814CB00030B/386/J